理念から
未来像へ

憲法を正しく読めばこんな国

谷口 江里也

未知谷
Publisher Michitani

はじめに

本書は、日本国憲法に基づけば、日本という国はどのような国になり得るのだろう、私たちはそこでどのような暮らしを営み得るのか、ということを巡って書いています。

そもそも近代の国民国家における憲法というのは、国民が自分たちの国を運営していくための委託者として選んだ国会議員や、議員によって構成される国会や、そこで選出される首相などで構成される政府や、その指示を受けて国民が健やかに安心して暮らすための諸々の社会的仕事を行う官僚や公務員やその組織などが、国民のために何をすべきか、何をしてはいけないかを書き記したものです。

したがって憲法は、立法府でつくられる法律をはじめとする、さまざまな国家運営のありようを規定する、国の最上位の法律であり、たまたま一時的に選挙で選ばれたに過ぎない国会議員や政府や地方自治体の長や、国民のための仕事に従事する国家公務員や地方公務員や検察や裁判所などが、勝手に恣意的な判断をしたり行動したり、それによって国民を苦しめたり、個々人の人権を侵害したり、近親者を優遇したり、税金を無駄遣いしたり、そして何より国民にとって最も悲惨な戦争などをむやみに起こしたりしないよう縛り、その行動の範囲を規定する役割を持っています。

つまり憲法の最も重要な役割は、国家運営のあり方を規定し、政治家や公務員の行動の大枠を規定することです。もちろん国の形の細部のありようまで憲法で規定することは不可能ですから、法律などの細かな規範に関しては立法府がつくりますが、しかし国がつくった法律や条例やそれに基づく施策が、憲法に合致しているかどうかを、国民は常に注視する必要があります。紙に書き記された憲法は声を上げることができませんしデモをすることもできないからです。ですから、もし国が道を踏み誤っていると思えば、それを正すべく行動する必要があります。

憲法のもう一つの役割は、国民が自分たちの国をどのような国にしたいかを代弁する役割、つまり国家運営上の基本的な理念や方向性を提示するものです。それを具体的にどうやって実現するか、そのためにどのような法律や制度や組織や政策を創るかは、突き詰めれば国民の意思にかかっています。

つまり憲法を基に、私たち国民は、政治や国家運営に誤りが起きないように監視することができると同時に、私たちが望みさえすれば、その理念に基づいて、国民の暮らしをより良くするために、憲法を活かして、国民の暮らしがより良くなるような制度や法律をいくらでも創ることが可能だということです。

つまり憲法は、私たちが日々の暮らしを営む国という社会空間を構築する際の、建築空間創造におけるマスタープランというべきものですから、本書の意図は、それを正確に読み取って国を創るとどうなり得るのかということを考えることにあります。

したがって本書では、日本国憲法と日本の現実を見比べながら、日本国憲法に基づいた場合に在り得る日本の姿や可能性について述べることにします。

言い方を変えれば、立憲国家とは主権者である国民のために、国民が憲法に記されたことに基づき、それを発展的に活かして国をかたち創っていくことを国是とする国のことです。そこでは当然のことながら、国家運営上のあらゆることが、法律であれ国の仕組であれ、全ては憲法に基づき、そこに書き表された理念を、国民にとってより良い形で現実化するために組み立てられなければなりません。

そのように考えるとき、私たちの日本国憲法は、実に豊かで人間的で、個々人を大切にし、戦争のない世界を目指す、人類史をリードし得る先進的な内容を持っています。しかし残念ながら現在の日本国のありようは、日本国憲法が目指す姿から遠く隔たっています。本書はそのような社会の現実を、より良いものへと変えていくための、何らかのきっかけとなることを願うものです。

もちろんすでに強固に築き上げられている国の仕組やありようを変えることは容易ではありません。しかし私たちの国は、明治時代に一気に国の形を変えた経験を持っています。そこには今日から見ると良いことも悪いこともありました。しかし少なくとも、大転換を短期間にやり遂げたことは事実です。一度できたことが二度できないはずはありません。

また第二次世界大戦後に日本国政府は、それまで敵であったアメリカ合衆国に対して180度方向性を変え、仲良く手に手をとって戦後政治を行ってきました。つまり政治の方向性もまた、どのようにでも変え得るということです。

そもそも国のありようやそれを支える価値観や文化は、緩やかに、あるいは急激に、良い方にも悪い方にも変わり得ますから、私たちにとって大切なことは、その変化を、私たちの暮らしにとって悪い方向にではなく、良いと思われる方、すなわち、より喜びに満ちた、より不安や危険のない、より希望や生きがいが感じられる方へと変えることです。その観点から見れば、日本国憲法は、私たちの現実を、今よりもはるかに素晴らしいものへと変えて行くためのリーディングヴィジョンの働きをする力を持っています。私たちの思考力や想像力や創造力や行動力は、ポジティヴなことや希望や夢が感じられることに対しては活きいきと発揮されます。逆にネガティヴなことや希望が持てないようなことに対しては、心身が萎えて元気を失ったり、ともすれば、ほとんどオートマティックに思考停止の状態に陥ってしまうという傾向があります。

そこで本書は、日本国憲法に書かれていることと現在の日本の現実的な社会のありようとの違いを見比べつつ、それを憲法に基づいて直したらどうなり得るだろうかということについて述べています。

ですから今の現実と比べてあまりにも荒唐《こうとう》無稽《むけい》だと思われることなども、敢えて提示します。それというのも本書は、できればここに書かれていることを話の種にして、読者の方々がイマジネーションや思考を自由に膨らませて、日本国憲法や、それにふさわしい国のありようや、ありうる仕組などについて、みんなでワイワイと自由に話し合っていただくことを願って書かれるからです。

それでは、私たちの日本国憲法に記されている言葉や、それが構築している枠組みや理念に基づけば、私たちの国の仕組や制度がどうなり得るか、現実がどう変わり得るかを、考えて行くことにいたしましょう。

　日本国憲法の基本的特徴や構造や理念は、具体的には主に、「**前文**」、「**第一章　天皇**」、「**第二章　戦争の放棄**」、「**第三章　国民の権利及び義務**」、「**第十章　最高法規**」に最もよく表されていますので、本書は主に、これらの章について重点的に述べることにします。なお、日本国憲法の引用は総務省情報ポータルサイトからとし、「　」を添えて太字で示します。

理念から未来像へ　目次

国民の一人ひとりが主権者である国 13
　国民の信託による権力の行使 18
　平和主義を掲げる国 19
　恐怖と欠乏から免れて平和に生きる権利 20
　国創りの基本原則 25
　日本国憲法の対極にある自民党草案 26

天皇制（第一章）第一条〜第八条 37
　象徴天皇 37
　立憲議会制民主主義制度 38
　三権分立の欠陥 40
　常により良くし得る国家運営制度 42
　憲法の精神に沿った新たな制度 45

戦争の放棄（第二章）　第九条　60

戦争の放棄　60

戦争の歴史　62

近代国家の特殊性　65

相反する要素を抱え込んでいた近代国家の仕組　69

軍事産業という特殊な産業　71

もはや過去とは次元の異なる戦争　75

超局地化した戦争　77

すでに変質した安全保障　79

日本国憲法第九条の現実的意味　84

国民の権利及び義務（第三章）　第十〜四十条　90

基本的人権　90

国民の不断の努力によってもたらされる幸福　94

全ての国民は個人として尊重される　97

公務員を選定し、罷免する権利　100

基本的人権と奴隷的制約　103

自由　106

婚姻　109

健康で文化的な生活 111
教育を受ける権利 113
勤労権 115
財産権 117
刑罰や裁判にまつわる権利 119

国政の具体的なありよう（第四〜八章） 第四十一〜九十五条 124

国会（第四章） 124
内閣（第五章） 127
司法（第六章） 129
財政（第七章） 132
近代国家の呪縛からの脱却 135
地方自治（第八章） 137

日本国憲法の重要事項の確認（第九〜十章） 第九十六〜九十九条 140

憲法改正（第九章） 140
最高法規（第十章） 148
日本国憲法の本質的、世界的可能性 152

附録　日本国憲法 161

理念から未来像へ

憲法を正しく読めばこんな国

日本国憲法（前文）

国民の一人ひとりが主権者である国

日本国憲法ではまず前文で、「**政府の行為によつて再び戦争の惨禍が起ることのないやうにすることを決意し、ここに主権が国民に存することを宣言**」しています。

これは日本という国が、国民の一人ひとりが主権者であることを宣言すると共に、第二次世界大戦に向かって暴走し敗戦を迎えるに至った当時の軍部や日本政府のように、まるで国家や軍隊が主権者であるかのように振る舞い、国民のための国家運営を担うべき政府が国民を無視して戦争を起こし、国民に過酷な暮らしと戦争の惨禍をもたらすようなことを、二度と起こさない国にすることを日本国民が決意したと宣言しているということです。

主権というのは、共同体や国のルールを決める権利のことですから、国民の一人ひとりが主権者であるということ、つまり国の主役はあくまでも一人ひとりの国民であって、国家ではないということ、ましてやかつての軍事独裁政権のように、政府が強引に国民を戦争に引きずり込むような国には二度としてはならないという決意を述べているということです。

またこの表現の前に、**「諸国民との協和による成果と、わが国全土にわたつて自由のもたらす恵沢を確保し」**と記していて、日本という国は、他国と仲良くすることを重んじ、その国際協調の成果と共に、国の中がどこでも自由であることによって得られる恩恵をしっかりと国民の一人ひとりが享受することによって、国が戦争などという愚かなことを二度と起こさないようにすると述べています。

つまり政府が諸国と協力して平和を求めることをせずに、個々人の自由を阻害し無視して戦争に突っ走るようなことは、二度とあってはならないと決意しているわけです。

この内容と決意の強さを見れば、現在の日本のいたるところに米軍基地という治外法権的な場所があること、特に沖縄や北海道に偏重して基地を置いている日本の現状は極めて奇異に映ります。そこは日本国民が立ち入ってはならない場所であり、日本人にとって自由な場所ではないからです。しかも日米安保条約を結んで、アメリカ合衆国という特定の国との関係を偏重している現実も、「**諸国民との協和による成果**」を築くという理念と方向性に反しているように思われます。

またここでいう「**自由**」という言葉は、一般的な意味で使われているわけではありません。この言葉はあくまでも、近代国家の憲法の、しかも憲法全体を規定する「前文」に記されているわけですから、これはいわゆる「自由、平等、友愛」といったフランス革命などを経て近代の国民国家において育まれた概念、あるいは「思想や宗教や学問や表現の自由、生存権、参政権」といった基本的人権の概念における自由です。

つまり、政府などが思想や表現の自由を侵害したり、選挙や学問を誰もが等しく自由に行うことができなければ、「**全土にわたつて自由**」な国であるとはいえず、その「**恵沢を確保**」することもできないと記していることになります。

たとえば現在の選挙制度のなかに存在する一票の格差は、明らかに、自由な選挙を誰もが等しくする権利という基本的人権に抵触することになります。現在かなりの格差を、裁判所が違憲ではないという判決を出したりしていますけれども、日本国憲法に基づく限り、これは当然のことながら恣意的で誤った判断だということになります。

貧富の格差によって学ぶことに差が生じることも学ぶ自由を圧迫していることになります。ですからこの前文を尊重し、それを現実化、社会化しようと思えば、一票の格差はなくすべきです。これは技術的なことですから、選挙制度を工夫するなど、立法府がやろうと思えばすぐにでもできることです。一票の格差をつくることは人を差別することに等しいからです。

にもかかわらず是正していないのは、私たちの国の立法府の国会議員にそうする気がないか、そうすることを妨げる力が働いているからでしょう。

少しの格差ならいいじゃないかというのも、基本的人権に格差があってもいいといっているのと同じです。またこれまでそうしてきたのだから今度もそうすればいいじゃないかというのでは、立憲議会制民主主義国家における政治とはいえませんし、それを規定する憲法に示しがつきません。

また一票の格差をなくした場合、地域格差を政治で手当てすることができなくなるじゃないかという人がいますが、それは中央集権を是とする近代国家の典型的な矛盾がもたらした現実の一つである都市への人口集中や、現在の選挙制度を前提にした見解であって、重要なことはそのような現実を改善して「**全土にわたって自由のもたらす恵沢を確保**」するにはどうすれば良いかを根本的に考え、そのための制度や仕組を再構築することであり、一票の重さを平等にしつつ、それを実現する方法を新たに創り出すことです。

また学問をしたり進学するにあたって、貧乏人の子が裕福な家の子よりも無理をしなければならないようでは、前文にあるような、**「全土にわたつて自由」**な国であるとはいえません。この状況を改善することも決して難しくはありません。端的に言えば、学費を無料にすれば良いのです。

そんなことをしたらお金がかかるじゃないか、財源はどこにあるんだという人がいるかもしれませんが、それは国民の生活の何を重視するかという国家予算の組み立て方の問題であって、たとえばキューバのような日本よりもはるかに経済力が弱い国でも、学費や医療費は基本的に無料です。

ヨーロッパでもほとんどの国が、学ぶことにはお金がかからない仕組を構築していますから、予算配分を変えれば学費の無料化は可能なはずであり、優先順位からいえば、**「前文」**という、まずは大事なことを述べた部分にあることから実現するべきでしょう。税金はそのためにこそあるのです。

国民の信託による権力の行使

前文には、「**そもそも国政は、国民の厳粛な信託によるものであつて、その権威は国民に由来し、その権力は国民の代表者がこれを行使し、その福利は国民がこれを享受する**」とあります。まったくその通りでなければなりません。

税金を徴収しそれを配分するというのは国家運営者が有する極めて強い権力であって、こういう人はこれだけの税金を払わなくてはならないと国会で決められれば、それは国民の義務であるとしてその通りに徴収され、払わなければ大変なことになります。

つまり収税の方法を定めたり、集めた税金を配分するのは、国民が信頼するに足るとして選んだ代表者が行使する権力ですけれども、それはあくまで国民の代表者への信託によって付与された権威であり権力であって、その権力の行使は、国民の幸せのためでなくてはならないと述べているわけです。

前文には、そのことを念押しするように、「**これは人類普遍の原理であり、この憲法は、かかる原理に基くものである**」と記されています。我が国はもちろん、このことは、これからの時代において社会を構築するにあたっての人類普遍の原理だと言い切り、**「われらは、これに反する一切の憲法、法令及び詔勅を排除する」**とまで述べています。

つまりこの原理に反するようなことは決してしてはならない。国家権力の名において、そのような法律も命令も発してはならないし、ましてや政府がそれに反するような法律や憲法を勝手につくろうとすることなどは言語道断だといっているわけです。

人類普遍の原理という表現をしているところが特徴的かつ画期的です。日本国憲法は、極めて先進的な高い理念を掲げていて、国家運営者はそれを共有するとともに、決してそれを損なうことなく、国民が幸せに暮らすことができる社会を構築することに専念せよと言っているわけです。

平和主義を掲げる国

日本国憲法では、そういう国を具体的には、**「平和を愛する諸国民の公正と信義に信頼して、われらの安全と生存を保持しようと決意」**することによって実現するのだと記しています。これは実に果敢な決意です。前文ではさらに**「われらは、平和を維持し、**

専制と隷従、圧迫と偏狭を地上から永遠に除去しようと努めてゐる国際社会において、名誉ある地位を占めたいと思ふ」とあります。

つまり、日本はこれから先、独裁者が国や国民や他国を偏狭な観点で専制的に支配したり隷従させたり圧迫したり戦争を仕掛けたりすることを、地球上から永遠になくすために努力している平和主義の国々を信頼し、その信頼によって自らの平和を維持する国家となることを、世界に先駆けて決意したということです。

これは後に述べる日本国憲法第一章第九条を支える理念《ヴィジョン》の表明です。つまり、これから世界は、平和を愛する国々が手に手を取って平和を築く道を歩む方向に進むべきであり、日本はそのヴィジョンを世界に先駆けて掲げ、自らその道を歩み、そのことによって世界中から尊敬を集める誉ある国になると宣言しているわけです。

恐怖と欠乏から免れて平和に生きる権利

どうしてそのようなことを宣言するかということについて前文では、「われらは、全**世界の国民が、ひとしく恐怖と欠乏から免かれ、平和のうちに生存する権利を有する」**

からだと言っています。

ここで「**全世界の国民が、ひとしく**」という表現をしていて、これもまた画期的な宣言です。近代において国家は、国々が生産力や軍事力や金融資本力などの力を競い合い、それを背景にして、資源やマーケットや支配権の獲得に血道をあげ、国力と物質的豊かさを国々が個別に追求した結果として、二度の世界大戦をはじめ、多くの戦争を起こし、二十世紀は人類史上最も多くの人間を人間が殺し、人々の生活の場である街々を破壊した悲惨な時代になりました。

ですからここでは、そうして国同士が争って互いの国民の血を流すのはもうやめようよ、だって私たち人間には誰だって、暴力や死の恐怖や飢えや貧困に苦しめられることなく、平和に日々を生きる権利があるのだから、と言っています。つまり国家が国力や軍事力を競い合い、テリトリーを奪い合った近代を超えて、人類がみな地球人の一人として、仲良く幸せに生きていける社会を創ろうよと言っているわけです。

第二次世界大戦の愚と悲惨を踏まえて、現在ヨーロッパではEUという仕組によって、国の内と外とを隔てる国境をなくし、軍縮を進め、ヨーロッパ人として平和に生きていく道を少しづつ模索していますけれども、日本国憲法は、そのさらに先を行く地球的で人類史的なヴィジョンを提示していることになります。

ここで大切なのは、「**ひとしく恐怖と欠乏から免かれ、平和のうちに生存する権利を有する**」と、国という社会の中で人が人として生きていく上で最も大切なことは何かということが具体的に記されていることです。

つまり、国民は誰もが、殺されたり脅されたり暴力を振るわれたりなどの恐怖を感じることなく、また飢えたり着るものや住む家がなかったりといった欠乏から免かれ、平和のうちに日々を送る権利を有していると宣言しています。

もちろんこれは憲法の中の文言ですから、よりわかりやすく言えば、政治家をはじめとする国家運営者は、国民の一人ひとりに恐怖や欠乏をもたらすことなく、平和に日々を送れるように国と社会を運営しなければならない、そういう社会を構築しなければならないと述べているわけです。

つまりかつての憲兵のような、国民に恐怖を感じさせて無理やりに国家の方針に従わせるようなことや、そのための暴力的な組織や法律や、かつての隣組などのように国民が互いに監視し合いお上に告げ口をするような仕組をつくってはならない、ということと同時に、誰もが衣食住に事欠くことなく平和に生きていけるような、そんな社会であらねばならない、そうすることが国家を運営するものの務めであると述べていることになります。

日本国憲法にこのような文言があるからこそ生活保障や健康保険制度を、日本国がつくりあげることができたのでしょう。このことを現実の社会の中にさらに発展的に反映させるならば、そういう生活を国民全員に保障するために、いわゆる国民全員に対するベーシックインカムの導入や、最低限の住宅の保障などの仕組の構築が射程に入ってきます。

これも国民の暮らしから見て無駄な支出をとことん減らして、予算配分のありようを根底から見直せば不可能ではないはずです。というより、それを不可能と感じるのは、公務員の数にせよ、議員の数にせよ、組織の規模にせよ、それを担保するための法律にせよ、現在の国家運営機構を前提にして考えるからであって、そうではなく、あくまでも一人ひとりの国民の暮らしと幸せをベースに考えれば、現在とは全く異なる仕組のありようとそのイメージが自ずと浮かび上がってきます。そのために知恵を絞ることこそが政治家や公務員、そして国民一人ひとりの仕事です。

そうすれば自ずと、例えばコンピューターの導入やＡＩの利用によって、世界的に見て異常なまでの高水準にある公務員の給与を含め、膨大な行政上の経費や人員や無駄の削減が可能なはずです。そんなことをすれば公務員の失業者が溢れて経済に打撃を与えてしまうではないかというのも、現在の巨大な体制の維持を前提としているからであって、ベーシックインカムを導入し、行政の仕組を変えることで解決できることは無限にあります。

そのことによって、大都市への人口の集中も緩和される方向に進むでしょう。基本的な収入があれば、多くのことがネットでできる現代にあっては、人は物価が安くて自分が住みやすいと感じる場所を選ぶからです。

また前文に基づけば、国家が国民を監視して国民の意識を萎縮させ自由を束縛するような法律や仕組をつくったりなどしないよう、国家運営者は肝に銘じるべきだ、ということになるでしょう。

さらに日本国憲法は、「**いづれの国家も、自国のことのみに専念して他国を無視してはならない**」とも述べていて、近代国家の仕組とそれがもたらした課題を乗り超えるには、歴史を逆行して偏狭な民族主義や国家主義に走るのではなく、地球的な視野に立って、一人ひとりの人間の人としての生存権を含む基本的人権、それぞれが人として生きる権利を大切にしていこうよという、人類のあるべき未来を見つめた素晴らしい視点が提示されています。

国創りの基本原則

近代国家における憲法というのは、わかりやすく言えば主権者である国民と、国民の委託を受けて国家を運営する人々との約束です。中でも前文は、憲法の細目に先立って、憲法が全体として何を最重視するかを述べた重要な部分ですから、政治家や公務員などの、国民の委託を受けた国家運営者は、何よりもまず、前文で述べられていることの実現に向けて努力する必要があります。

前文の内容を簡単におさらいすれば、日本国民はみな、個人として等しく基本的人権と自由を持ち、国のルールや行いを決める主権者は国民であり、国民が選んだ国民の代表者は国民とともに、過去の戦争の悲惨を踏まえて、政府の行為によって再び戦争の惨禍が起きることのない平和な国家運営を行い、国際協調による平和を実現すること。

そして国民はもとより、全世界の人々が等しく恐怖と欠乏から免れ、平和のうちに生存する権利を有するという観点に立って国際協和による平和を実現し、専制と隷従、圧迫と偏狭を地上から永遠に除去するという理想の実現を目的とする国家であること。

そして日本国は、国民が確定したそのような憲法を有する立憲議会制民主主義国家であり、国家運営のすべては国民の福利のために行われなければならないということが述べられています。つまり国家を一つの家にたとえるならば、私たちが暮らす日本国という家は、そのようなことが実現されている、そういう家でなければならないと宣言しているわけです。

日本国憲法の対極にある自民党草案

ここで参考までに、このような日本国憲法と、現在の自由民主党が平成24年に作成した日本国憲法改正草案（以下自民党草案とする）とを比較してみます。なお、引用は自由民主党ホームページ「日本国憲法改正草案」（平成二十四年四月二十七日（決定））からとして、「」を添えて太字で示します。これから逐一、日本国憲法と、それとは比較しようもないレベルのものでしかない自民党草案との違いについて語り比較することは極めて煩雑で、不毛で消耗な作業ですので、前文の表現の違いに触れるにとどめますが、それでも、日本国憲法と自民党草案との相違は前文だけをみても、明白です。

自民党草案における前文では、前段でいろいろと日本国憲法と似通った言葉が用いられていますけれども、結論として最後に、「**我々は、自由と規律を重んじ、美しい国土と自然環境を守りつつ、教育や科学技術を振興し、活力ある経済活動を通じて国を成長させる。日本国民は、良き伝統と我々の国家を末長く子孫に継承するため、ここに、この憲法を制定する**」と書かれていて、憲法の制定の目的が、国を成長させ、国家を末長く継承するためだということになっています。

つまり、なんとなく耳障りは良いようですが、意味内容の曖昧な言葉の羅列で、文脈をたどれば、国家の成長と維持が憲法制定の目的であると断言しています。

これは近代国家の仕組がもたらした矛盾や悲惨や課題を見つめることなく、また近代国家の基本を踏まえることなく、国家主義的な、あるいは前近代的な国家観を継承し、しかも全く無前提に日本という国家を肯定し、その国体の恒久的な存続を国是としていて、基本的人権を持つ一人ひとりの国民の姿はありません。

自民党草案の全体的な特徴は、言葉の極めて曖昧で恣意的な用いられ方です。例えば、二度と政府主導の戦争を起こさないために主権者である国民が制定したとする日本国憲法に比べて、自民党草案ではその戦争を、「先の大戦による荒廃や幾多の大災害」と述べ、第二次世界大戦が、まるで天災であったかのような表現になっています。

また言葉の意味するところ、すなわち言葉の概念規定や歴史的背景に対する理解が非常に曖昧であることも自民党草案の特徴です。憲法が言葉で書かれたものである以上、これは極めて重大な欠陥です。自民党草案の中には「美しい国土」「活力ある経済活動」「平和主義」「友好関係」「世界の平和と繁栄」といった言葉がちりばめられていますけれども、現行憲法が順を追って何を理由に何をするかを端的に述べていることに比べて、ちりばめられた言葉は具体的に何を示すかが不明です。

たとえば現行憲法では、国際社会において占めるべき名誉ある地位は、何を推進することによってもたらされるかが具体的に述べられていますし、また「恐怖と欠乏に苦しむことなく、平和のうちに日々を生きていく権利」というように、世界中の個々人の生存権を最低限満たすべきものが何かが具体的に述べられているのに対し、自民党草案では、例えば繁栄が具体的にはどういうことか示されていません。

基本的に憲法というのは、国の姿やありようを書き定め、国家運営者がそれに反することを戒めるものですから、用いられる言葉は明解である必要があります。

その意味では、自民党草案の言葉の用い方は、主体と客体、つまり誰が誰に対して何を述べているのかが極めて曖昧です。というより、ある意味では極めて日本的な、と言えなくもないですけれども、同じ考えを持つ人たちだけの間の会話にありがちな、暗黙の了解を前提とした私文書のような、恣意的でどうにでも解釈できる表現になっています。これは憲法の表現としては不適切です。


さらに特徴的なのは、自民党草案の「**国と郷土を誇りと気概を持って自ら守り**」という表現です。これは自分たちの郷土と国を守ることこそが国民の「**誇り**」であり、そうすることが「**気概**」であると述べていますが、国と郷土を何からどのように何のために守るべきなのかが記されていません。つまり、具体的に何を示すのかが全く判りません。

また、日本国民は基本的人権を尊重しつつも、「**和を尊び、家族や社会全体が互いに助け合って国家を形成する**」と書かれている文章は、さらに曖昧であり、しかも強い表現で国家が国民に国民としての義務を説いています。

そこでは「**和**」「**家族**」「**社会全体**」というような言葉が、具体的に何を示すのかは語らずに、しかし文脈としては「**互いに助け合って国家を形成する**」というところに力点が置かれています。

日本国憲法が重視する基本的人権というのは、基本的に一人ひとりの権利ですから、もともと、和、家族、社会全体、という言葉とは相容れ難い意味とレベルを持つ言葉です。それらが無前提に用いられ、さらに、互いに助け合って国家を形成すると強調される文脈のなかでは、論理的にはそのようにする限りにおいて、国家が基本的人権を認めると言っていることになります。

しかしそうすると、たとえば両親を亡くし、兄弟もおらず、結婚もせず、子どももいない人は、どうすればいいのか、あるいは、社会全体という意味がよく分からないにもかかわらず、その全体と意見が違って、それに和さない場合はどうなるのだろうという強い不安が生じます。

しかもこの表現では文脈上、「**和して国家を形成する**」というところに力点が置かれていますから、近代の国民主権を基盤とする国民国家、そしてその国家のあるべきありようを国民が憲法に定めて、国が進むべき方向性や、政府や立法や司法や、時の政府や国の運営のありようを規定するという原則を逸脱しています。いわゆる立憲主義の否定です。つまり、国民あっての国家ではなく、国家あっての国民というニュアンスが強く表現されています。

概念規定のハッキリしない言葉の多用は自民党草案の大きな特徴、というより極めて重大な欠陥です。例えば、「**自由と規律**」という言葉が使われていますけれども、このような表現は日本国憲法にはありません。なぜなら、自由も規律も概念規定が難しい言葉で、日常会話的な次元において、自由が何を指し規律が何を指すのかということを具体的に考えると、たちまち迷路に入り込んでしまうような言葉です。さらにそれがセットで使われると、ますます意味不明になってしまいます。

しかもすでに述べたように、憲法で使われる自由という言葉には、歴史的な背景があり、規律は、基本的人権と国民主権を重視する近代国家の最重要概念である自由という言葉の真逆にある言葉です。

百歩譲って、もし仮に自由が、個々人の行動全般の自由ということを指しているとすると、それでは規律とは何かということになります。一般的には規律というのは、社会的あるいは集団的な行動をする際の基準や守るべき枠組みということですから、このように相反する言葉が並列的にセットで用いられると、どちらの意味も不明瞭になります。

自由も規律も簡単な言葉であって、その意味は誰だって分かるじゃないか、というのは、憲法の語法としては不適切です。自由も規律も、誰が何をする自由、誰が何のために定めた規律、ということが曖昧では意味を成さないからです。

要するに歴史性を背負った普遍性のある言葉でなければ国民一人ひとりの指針にはなり得ません。人々の暮らしや思考や行動を制限する方向にある言葉は特に要注意です。それによって、国民を主人公とするはずの憲法が、国家や政府が国民を縛るものに一変してしまうからです。自民党草案では、国家運営者や政府が勝手にその意味を都合に応じて恣意的に規定し得るような言葉が多用されています。

同じように「**美しい国土と自然環境を守**」るという言葉も、なんとなく響は良くても、極めて曖昧な、具体的意味を持たない言葉です。どのようなことを美しいというのかも、誰が何を基準にそう感じるのかも不明です。こうした言葉は本来、漠然と語られるべきではありません。

日本に限らず、どこの国でも、私たちが暮らす国土は、いまや太古のままの自然ではなく、道路やビルやダムや送電線などがあって、地形そのものもすでに大きく変えられていますから、いつの時点での、どのような自然環境を守るのかが語られなければ意味を成しません。

たとえば仮に、私たちの生命や健康を健やかに育む自然環境、というい方をした場合は、守るべき自然環境の意味がある程度ハッキリしますが、このような文脈のなかで用いられるのでなければ、こうした言葉は意味を持ちません。とりわけ憲法の文言としては不適切です。

しかも、「**自由と規律を重んじ、美しい国土と自然環境を守りつつ**」「**教育や科学技術を振興し、活力ある経済活動を通じて国を成長させる**」ことが大切ですと述べられていますから、文脈上の力点は「**活力ある経済活動を通じて国を成長させる**」ことにあります。ここでも「**活力**」「**経済活動**」「**成長**」という近代に特有の耳ざわりのよい言葉が用いられていますが、ハッキリいえば、それが意味するところは曖昧ですし、前段の自然環境を守るという言葉との整合性も不明瞭です。

そして自民党草案の前文の最後では、憲法を制定する理由は、「**良き伝統と我々の国家を末永く子孫に継承するため**」であるとされます。字義通り解釈すれば、憲法を定める目的が、良き伝統と、日本国という国家を維持し続けることだ、という意味です。

良き伝統が何を指すのかも曖昧ですが、これでは大切なのは国民一人ひとりではなく、日本国という国そのものや、それにまつわる漠然としたイメージであるということになり、国民が主権者である国民国家における憲法の位置づけ、そして一人ひとりの国民のためにこそ国家も政治もあるのだという立憲議会制民主主義の原則を根底から逸脱しています。

これでは、私たちが一所懸命に日々を生きるのは、日本国を維持し続けることそれ自体にあると憲法が規定していることになってしまいます。また憲法にそう書いてある以上、政治家や国家運営者の役割もまた、国を維持し続けることそれ自体にあるという結論に帰結し、法律や諸々の行政の仕組なども、論理的にはそのためにつくられることになってしまいます。

つまり、現行の日本国憲法と自民党草案の前文を比較して見える違いは、第一に、自民党草案で用いられている言葉が、総じて概念規定や関係性が曖昧で語法が恣意的で政府が勝手に解釈できるように用いられていること。

第二に、これからの世界の中の日本という観点、すなわち世界的な視野や歴史認識や未來観や展望が自民党草案には致命的に欠如していること。

そして国民一人ひとりの集まりとして国があるのではなく、日本という特別な国が無前提に存在しているような表現であることなどがあげられます。

しかも日本国憲法が、過去の戦争に対する強い反省と、もう二度と政府主導による戦争はしないという決意を表明し、そのためにこそ、この憲法を定めたのだとしているのに対し、自民党草案ではそのような過去の歴史を踏まえた表現が全くありません。これは極めて重大かつ決定的な違いです。

このような憲法下では、戦前のような軍事独裁政権と似たような政府が、議会で多数を占めて再び戦争に突っ走ってしまうことに対する歯止めが掛かりませんし、憲法に照らし合わせてそれに抗することもできなくなってしまいます。

前文だけを見てもこのような決定的な違いがあります。細かなことは読者の方々がその違いを読み比べていただければ、自民党草案の危険性と没歴史性とヴィジョンの欠如と、国家を重視し国民を軽んじるという姿勢がよくわかると思います。

したがって自民党草案との違いを逐一述べるのはこれくらいにして、本書ではこれから、自民党草案とは全く異なる次元にある日本国憲法に基づいて、それを最大限に活かして国を創った場合、私たちの国と暮らしがどのようなものになり得るかということに関して述べて行くことにします。読者の皆様は、この記述をきっかけにポジティヴな方向、つまり一人ひとりの暮らしにとってより好ましいと思える方向に、どんどん想像力を膨らませていただければと思います。

天皇制（第一章）第一条〜第八条

象徴天皇

日本国憲法では、第一章の第一条で天皇について、「**天皇は、日本国の象徴であり日本国民統合の象徴であつて、この地位は、主権の存する日本国民の総意に基く**」と定めています。

これはシンプルですけれども、憲法の文言としては個性的で意味深い表現です。天皇は古くから日本国を統治する上で象徴的な役割を果たしてきており、日本の治世の歴史や文化風土を踏まえたからこその表現でしょうけれども、しかしその地位は、「**主権者である国民の総意**」に基づくものであり、しかも天皇は、「**日本国の象徴**」であると同時に、「**日本国民統合の象徴**」でもあるとしている点が極めて重要です。

そこには、近代国家の立憲議会制民主主義制度の仕組が持つ構造的欠陥を、天皇という不思議で特別な存在を置くことで、なんらかの形で補おうとする強い意志と意図が感じられます。つまり日本国憲法第一章は、短い文章によって端的に、憲法全体を大きく補完するような、極めてダイナミックな仕組を日本国憲法の構造のなかに柔らかく組み込んでいるということです。

そのことについて述べる前に、近代国家の基本である立憲議会制民主主義制度の問題点を簡単に見てみましょう。

立憲議会制民主主義制度

立憲議会制民主主義制度を採用している近代国家の基本的な構造は、主権者である国民が選挙で選んだ議員による立法府の議会で、憲法に基づいて法律を定めたり、国家予算を決めて税金を再配分したりします。そこでの最終決定は、一般的には国会において議員による投票や挙手による過半数を多数とする決議によってなされます。

しかし選挙は基本的には数年に一度であり、そこで例えば何かの拍子に、たまたまある政党が現実的に過半数を取れば、制度的には合法的にその政党が、他の議員や他党との議論を無視して自分たちの思いのままに政府をつくり、法律をつくり、制度を決め、勝手に予算を配分したりすること、つまりは独裁的に国を操ることが（それに対して国民が何らかの形で反対の意思表示を行って抵抗しない限り）可能になってしまいます。

憲法は何よりもまず、そのような暴走を防ぐために存在します。それに加えて近代国家では三権分立という仕組を採用しています。これは国家権力を立法、行政、司法、の三つの国家機関に分散させて、三つのうちのどれかが勝手に暴走することを防ごうとする仕組です。

国民が選挙で選んだ議員の集まりである立法府では、文字通り法律を定め、国家運営上の方向性や方法や予算を決めますが、それはあくまで国民の信託を受けて行われることですから、議員には自分が国民の意見の代弁者であるという自覚が必要です。

行政機関は省庁や地方自治を担う役所などからなる組織で、選挙で顔ぶれが変わる国会議員だけによって国家運営が行われれば政策の実行などの業務の継続性が危ぶまれるなどという理由で、立法府において定められた政策や法律や予算を執行します。行政はまた、国民の様々な要望や必要とすることを国政に反映させる働きなどを持っています。

司法は社会の営みが、憲法やそれに基づく法律に準じてなされているか、さらには法律が憲法に背いていないかなどを判断し裁く機関です。

近代国家においては、このように基本的に独立した機関である三権が、それぞれ暴走したり恣意的な判断に偏ることがないよう、互いに目を光らせることに、建前としてはなっています。

三権分立の欠陥

しかしこの仕組はいくつかの構造的な欠陥を抱えています。一つは三権の独立性の担保が現実的には極めて難しいということです。もう一つは、立法府の議員は国民の選挙によって選ばれますけれども司法や行政はそうではなく、役人になった人は、その役所の上下関係の中で、自ら辞めたりしない限り通常は定年になるまで継続的に仕事をします。その時あらゆる組織がそうであるように、どうしても組織が硬直化して内向きになり、ともすれば国民の生活の利便性や豊かさの追求より、組織の維持と権限の拡大、あるいは組織内部の権力関係や自己保身を重視しがちになります。

しかも構造的には内閣が行政府のトップとして指示を出す仕組になっていますし、日本では予算案の作成権や官庁の重要ポストの人事権なども内閣が有していますから、その影響を強く受けざるを得ません。その上日本では首相が最高裁判所の裁判官の任命権も有していますから、これもまたどうしても時の政府の影響を受けやすくなります。

加えて、政府の政策や、それを受けてなされる行政機関の働きが憲法や法に沿っているか、それ以前に立法府でつくられた法律が憲法に違反しているかどうかの司法判断は、日本では国民などが裁判を起こさなければ裁かれず、政府や行政や立法府の決定が憲法が掲げる理念を逸脱したとしても、政府から独立して積極的に政府や国会の活動を監視する憲法審査会のような機関はありませんから、裁判所が自発的に、国会に提出された法案などを、それは違憲であるとして制することができない仕組になっています。

そのような仕組は、もちろんつくろうと思いさえすればいつでもつくれるのですけれども、権力の趨勢《すうせい》として、自分たちを縛るより、より統治しやすくするために国民を縛る方向に向かおうとします。

したがって行政も司法も政府の影響を受けやすく、時には内閣、そしてそれを率いる首相が、あたかも三権の長であるかのようにふるまう事態さえ起きかねません。しかも日本の現在のような制度の中では、立法府では選挙で議席の過半数を占めた党派が現実的には決定権を持ち、その党派の党首が首相になり、首相が大臣の任命権も持っていますから、突き詰めれば首相や政府の独裁体制が生じる危険性を常に孕んでいます。

もちろん三権を完全に独立した機関にしたり、人事権や任命権のあり方を工夫すれば、こうした危険性を少なくすることはできますが、全ての法律や制度は立法府でつくられますから、自らの権力や権限を縛る仕組を議員たちがわざわざつくることは現実的には極めて難しく、ともすれば自らの権限の保持と拡大にどうしても傾きがちになります。

現にこのような制度上の欠陥をついて、かつてヒットラーを総統とするナチスが全権を掌握し、日本でも軍事独裁政権が実権を掌握して侵略戦争を繰り広げ、結果的に第二次大戦を巻き起こしました。またそのような一党独裁下で、戦争のような非常事態が起きた場合、それを国家存亡の危機であり、それに対応するためだとして非常事態宣言を発し、その場合には政府が全権を自らの指揮下に置くという仕組をつくったりすれば、もはや独裁に歯止めが掛からなくなります。

常により良くし得る国家運営制度

日本国憲法は、前文に記されているとおり、過去の悲惨な戦争の歴史を踏まえて創られた憲法です。したがって、ヒットラーのドイツや、参謀本部が支配した大日本帝国のように、制度上は立憲議会制民主主義の体裁を取っていたにもかかわらず、戦争に突き進んでしまった苦い経験を二度と繰り返すことのないよう、近代の立憲議会制民主主義制度の欠陥をなんとか補完しようとする意思に満ちていて、日本国憲法の第一章、天皇の第一条の文言は、もし国民が望みさえすれば、近代の議会制民主主義制度の欠陥を補完する仕組を構築しうる可能性を示唆しています。

そもそも、立憲議会制民主主義や三権分立などの近代国家の仕組は、絶対王政や専制政治を脱却して国民が主権者である国家を構築するために西欧で発明された国家運営上の仕組です。日本の様々な国家運営上の制度も、明治時代に西欧を見習って導入したものです。

重要なのは、近代国家というのは、国家と国民が税金や選挙権などによってダイレクトに結びついている国家制度だということです。つまり、人類の歴史の中で営々と続いてきた王などの君主や皇帝や将軍や一定の宗教の権威者が、国家運営において絶対的な権力を掌握するのではなく、平等である一人ひとりの国民が主権者となって国を運営する仕組になっています。要するに、それを実現するために近代になって新たに考え出された国民国家的な仕組を持つ国が近代国家です。そしてその近代的な立国の意味を、政治が見失わないようにすることにこそ憲法の役割があります。
言い方を変えれば、もし憲法で謳う理念、あるいは立国の主旨により近づけるために、すなわち主権者であり基本的人権を有する一人ひとりの国民がより平等に自由に幸せに安心して暮らすために、つまりは近代憲法の精神をより生かすために、現在ある制度や法律より優れた制度や法律を編み出せれば、そのつどそれを採用すれば良いのです。全ての制度や法律は、原則的には、そうして常に国家の主役である国民のためにより良くしていくことが可能です。憲法はそれを制限するものではなく、それを牽引するための理想、あるいはその上により良い社会を築くための礎です。

しかしながら、国家運営上の制度はいったんつくられると、それを維持し続けようという力が働きがちになります。制度やそれによって構築された組織には、当然のことながら、その枠組みの中で働く人々がいて、その組織や制度がもともとなんのためにつくられたのかという原点と照らし合わせるより、既得権の維持や自己保身や勢力や影響力の拡大に向かいがちになります。いうまでもなくこの場合の原点とは、すべての国民のために、ということですけれども、実際にはそれを忘れて一部の既得権者の利害や自らの保身を優先しがちになるということです。

日本の場合、明治時代に西欧の国家運営制度をモデルにして多くの制度や仕組が構築され、それが今に至るまで踏襲されてきています。けれども重要なことは、それが絶対ではなく、それをより良いものにすることは常に可能だということです。日本国憲法の理念もまた、そのためにこそあるということです。

したがって本書では、たとえ現状とは全く違うものであっても、日本国憲法に基づけば、もしかしたらこのような可能性があり得るのではないか、という観点に立って考えることにします。そしてその時、日本国憲法の第一章が実に豊かな創造性のあるものとして浮かび上がります。

憲法の精神に沿った新たな制度

そのような観点に立ってもう一度、第一章の天皇に関する条項を見ると、第三条に、「天皇の国事に関するすべての行為には、内閣の助言と承認を必要」とするとあります。また第四条に、「天皇は、この憲法の定める国事に関する行為のみを行ひ、国政に関す

る権能を有しない」とあります。すなわち日本国憲法における天皇は元首でも君主でもないということです。

しかも、国事という国にとっての重要な仕事をするという役目を担いながら、天皇は国政に関する権能を有しないということですから、国民の成人なら誰もが有している選挙をする権利もないということになります。

ところが第一条では、既に述べましたように、天皇は「**日本国の象徴**」であり、かつ「**日本国民統合の象徴**」であり、そしてその地位は主権の存する「**日本国民の総意**」に基づくと記されています。

重要なのは、日本国の象徴とは何か、国民統合の象徴とは何か、そして日本国民の総意とは何か、ということです。つまり、これらの三つの異なる要素が重なり合うところにあるのが天皇という存在であり地位であるということです。

このことの意味を平成天皇は誠心誠意、全身全霊を以って、常に考え続けてこられたということですけれども、ご無理もないことです。この三つの要素が重なり合う場所とその意味は何かと考えるとき、私たちは自ずと、近代の立憲議会制民主主義制度を超えたところにある、極めて先進的な憲法の理念、あるいは構造の存在に気づかざるを得なくなるからです。

言い方を変えれば、この第一章第一条は、平成天皇が考えてこられたのと同じように、日本とは何か、国民の統合とは何か、国民の総意とは何を意味するのかを、私たち一人ひとりの国民が、平成天皇と同じようにとまでは言わなくても、常に真摯に深く考えることを促しているのだということです。これは極めて重要なことですので、一つひとつ考えてみる事にします。

まず日本国とは何か、ということですが、これはこの文言が立憲議会制民主主義国家の憲法の中の文言であることを考えると、それが意味することは明白です。つまり、日本国がどうあるべきかを定めた憲法に書き表されているような国家です。ばくぜんとした日本というイメージなどではありません。そしてその国家は、何よりもまず、前文に書き表されているように、基本的人権を持つ国民が飢えや恐怖に怯えることなく日々の暮らしを営める平和国家です。

国民の統合とは、一人ひとりの国民の意思を合わせて、憲法に謳う理念や精神を現実化していきましょう、あるいは憲法に反するようなことを立法府や政府などがしないよう、みんなで見守っていきましょうということです。

国民の総意とはもちろん、何事も国民が心を一つにできるような、国民の誰もが心から良いと思えるようなことを行う国にしていきましょう、天皇とは、そのような一人ひとりの国民の想いの象徴だということです。

日本人はこれまで、日本国憲法の第一章という極めて重要なことを記した章の意味と、そこに内包される可能性について考えることを天皇一人に預けあるいは担わせ、国民の一人ひとりがそれについて考えることを、あまりにも怠ってきました。

国民の一人ひとりが主権者である国において、国民の誰もが良いと思えるようなこと、納得できるようなことを総意として日本という国をつくっていきましょう、天皇はそういう国民の願いの総体の象徴であり、合意の象徴であり、天皇はそんな日本の象徴だとしたら、それは具体的にはどういうことなのかを、私たちは天皇とともに考える必要があります。

「**国事に関するすべての行為には、内閣の助言と承認を必要**」とするのですから、日本国憲法下において天皇は権力を有していません。また自ら政治的な意見や行動をとることもできません。しかし、主権者である一人ひとりの国民の想いの総体の象徴です。

つまり天皇は、主権者である私やあなた、一人ひとりの日本に暮らす個々人の良心の総体を映す鏡のような存在だということです。現在の日本の制度の中には、この日本国憲法の精神、あるいは天皇と一人ひとりの国民の心とが共鳴し合うことを自ずと促すようなダイナミックな構造を反映させた制度や仕組が存在しません。

次に第四条の「**天皇は、この憲法の定める国事に関する行為のみを行ふ**」とあるその国事とは何かということを見てみれば、第六条の「**内閣総理大臣を任命**」すること。2項の「**最高裁判所の長たる裁判官を任命**」すること。第七条の一「**憲法改正、法律、政令及び条約を公布**」すること。二「**国会を召集する**」こと。三「**衆議院を解散する**」こと。四「**国会議員の総選挙の施行を公示する**」こと。五「**国務大臣及び法律の定めるその他の官吏の任免並びに全権委任状及び大使及び公使の信任状を認証する**」こと。六「**大赦、特赦、減刑、刑の執行の免除及び復権を認証する**」こと。七「**栄典を授与する**」こと。八「**批准書及び法律の定めるその他の外交文書を認証する**」こと。九「**外国の大使及び公使を接受する**」こと。十「**儀式を行ふ**」ことです。

どれをとっても国家運営上の重要事項ばかりです。これらの国事は現在、内閣や国会が決めた通りに形式的に天皇が行っていますが、こんな大事なことを、天皇お一人に任せ切り、国民はそれに全く関与せず、ということで果たして良いものでしょうか。しかもこれらの国事にある、任命や承認や公布や招集や解散や認証などのすべては現在、内閣が示すとおりのことを形式的に儀礼として行うにすぎません。

しかし、繰り返しますけれども、天皇が「**日本国の象徴**」であり、「**日本国民統合の象徴**」であり、しかもその地位が「**主権の存する日本国民の総意に基づく**」ものであることが日本国憲法の第一章第一条に記されていることを考えれば、現在の実態は、あまりにも天皇を、すなわち天皇を自らの思いや価値観やその統合の象徴とする国民を、軽視しているように思われます。

第一条を読めば読むほど、こうした国事に対して、天皇を自らの国や日々の歩みの象徴とする「**主権の存する日本国民**」の一人ひとりが、国会議員を選挙で選ぶ以外には、そうした国事とは全く関係のないところにいるという現実が、果たして日本国憲法の理念や精神にふさわしいありようかどうかという課題が浮かび上がってきます。

そこから、近代の立憲議会制民主主義の制度的欠陥を補完し得る、日本国憲法に基づく一つの斬新な新たな国家的制度の可能性が姿を現します。すなわち、重要な国事の執行を行う天皇が、気持ちよくその仕事を、日本国の統合のために、それが国民の総意であるとして、国民の象徴として行えるような国民的制度の可能性が姿を現します。もちろんこのような仕組は、これまでの近代国家の仕組の中にはありません。しかし、ないからといって、新たに創り得ないわけではありません。

つまり議会制民主主義や三権分立などのすでにある仕組と、日本国憲法の第一章を重ね合わせた時、近代国家の仕組の構造的な欠陥を保管する制度、すなわち天皇が行う儀礼的な国事に先立って、国民の代表者が、立法府や内閣が決めようとすることが国民の総意であり、日本国の統合につながるかどうかを審査する仕組です。

これはいわば、立法府の権限が強すぎるという現実を踏まえ、また代議制がともすれば党利や権力の保持や拡大に陥りがちであるという現実を踏まえ、さらには多数の議員を擁する党派がしばしば暴走してきたという歴史的事実を踏まえて、それらの弱点を補い、暴走を事前に抑止する仕組です。

これは今までの日本国の制度の中には全くありませんし、近代国家の一般的な基本制度の中にもありませんが、天皇という象徴的地位を定めた日本国憲法だからこそ設け得る新たな仕組です。

国民象徴会議

日本国憲法の前文には、「そもそも国政は、国民の厳粛な信託によるものであつて、**その権威は国民に由来し、**その権力は国民の代表者がこれを行使し、その福利は国民が**これを享受する**」とありますから、なんらかの形で選ばれた国民の代表が、上記の国事、例えば大臣や裁判官の任命や、憲法改正や法律の制定や、国会の招集や、衆議院の解散などを、それが国民の総意であるか、またそのことが国民の統合を促進するものであって分裂をもたらしたりはしないかどうかを判断する機関を新たに設けても、憲法上、なんの不都合もないばかりか、その理念や精神にむしろ沿うということです。

そのような機関や制度、例えば国民象徴会議とでもいうような場を設け、そこで内閣から提示される国事を、それが国民の総意であるかどうかの判断をし、叶っていればそれを承認し、叶っていなければ内閣に、もう一度よく考えて議論を重ねてくださいと表明する場があるだけで、自ずと、三権や政府の暴走を抑止することになります。またそのことによって、政治が、特定の党派や既得権者ではなく、あくまでも国民を向いて行なわなければならないことを議員たちに、常に思い起こさせるでしょうし、すでに政治に絶望しかかっている私たち国民の、主権者としての自覚を呼び覚ますことにもつながるでしょう。

具体的には、例えば内閣などが提案した法案、あるいは立法府が議決した法律などについて、国民象徴会議のメンバーの四分の三、少なくとも三分の二が賛成しなければ、その法案は、国民の総意ではなく、また日本国民の統合にとってマイナスであり、憲法が定める日本という国にはふさわしくないものとして承認されず、さらに審議を重ねるか、内容を変えるか、廃案となるというものです。

そのようなことをすれば、国会運営が滞り国事が進まないじゃないか、というのは、あくまでも国家権力から見た場合の見解です。抽選などでえらばれた普通の国民の、誰にとっても好ましいと思える法案であれば、それはすんなり認められるでしょう。逆に言えば、そのような仕組があれば、国民の快適な暮らしや安全や福祉にとって不利益を及ぼすような法案は自ずとつくられにくくなります。重要なことは、それがさらに進んでそこから、国民のために良い法案や政策が積極的に創られるような、国民主権国家にとっての本来の政治が行われるようになることです。

また国政上の様々な制度や法律、そして行政上の仕組などに関しても、この会議が、国民の福利を侵害するような法律や制度を変えることを、あるいは憲法の主旨に沿った新たな法律や制度をつくるべく国会で話し合うことを促す機能を附与することも考えられます。すでにつくられてしまった悪しき法律や制度はたくさんあり、それらもまた、少しづつ是正していく必要があるからです。

このような制度の導入は、現在の中央集権的でピラミッド型の権力構造に風穴を開け、既得権の確保と拡大に血道をあげる現在の日本の国政というものの概念を根本から変えるきっかけをつくり、政治をより国民に密着したものにすることに寄与するでしょうし、同時に、混迷を続ける世界中の国家の政治を変えるきっかけにもなり得るでしょう。

なぜならこの仕組は、ヨーロッパでつくられた近代国家の仕組にはない、武力を持たない天皇による象徴的統治という、日本的な社会文化風土が創り出した方法と深くつながっており、それを現代的な仕組の中に、民主主義的に反映させるものだからです。

国民象徴会議の構成員の具体的な選び方や運用の仕方は無限に考えられます。それは話し合いを重ねて順次改良していけば良いことですけれども、一人ひとりの国民が基本的人権を持つ平等で自由な存在であることを考えれば、たとえば、日本国民の成人全員の中から五百～千人程度の数の国民を抽選で選び、任期が一、二年のその人たちが、重要な国事の案件に関しては、それが国民の総意であり、国民の統合を促進するものであるかどうかを判断し、それを内閣に答申するということなどが考えられます。

現在裁判では、殺人などの重罪を犯した被疑者の裁判という、極めて責任の重い裁判にさえ、無作為に選ばれた国民が参加していますから、それに比べればはるかに建設的で、しかも参加者の生活と密接に関わる仕事に国民が深く関わることには意義があると思われます。

国民象徴会議がもたらしうるもの

ちなみに、もしこのような制度が導入されれば、現在あたかも恒久不変であるかのように存在している日本の国家運営制度の中のさまざまな制度が、たちまち見直す必要のあるものとして浮かび上がるでしょう。

例えば現在の日本の国会には、衆議院と参議院がありますけれども、もし国民象徴会議制度が定着すれば、原理的に言えば、良識の府とかつて呼ばれてきた参議院に近い役割を果たし得ますから、参議院には別の役割を担わせることが考えられます。

現行の日本の参議院は、主にイギリスの貴族からなる上院と、選挙によって国民の中から選ばれた下院の二院制の上院をモデルにしてつくられたものです。しかし、小さな王国の連合体であるイギリスにおいては、古くから王国の王や領主であるジェントリーなどの貴族階級が国を治めてきましたし、その地位は今も健在です。そのような人々は、過去から未来に渡って領民を護って国（領地）を治める義務、ノーブルオブリゲーションを負っているとされてきました。

一方、明治期の日本には貴族階級のようなものはなく、現在の参議院をつくった際に急ごしらえで華族という身分をつくったりしました。つまり異なる価値観と歴史と意味合いを持つイギリスの上院と下院に比べれば、日本の衆議院と参議院にはもともと大きな違いはなく、現在ではその違いはさらに希薄になってきています。

参議院の役割は主に、衆議院で国民や憲法を無視するような法案を政府が独善的につくろうとした際に、参議院がそれに歯止めを掛けるというところなどにあります。しかし、国民象徴会議があれば、政府などが国民や憲法を軽んじる法案を制定したり、憲法を無視して独裁的に強権を発動してばかりいるような首相は、それを認めたくないという国民の意思を明示することができますから、それが参議院的な役割を果たし得ます。

ですから参議院には、たとえば諸々の法律や制度が、憲法に即したものであるか、また国民の福祉、つまり国民が怯えたり飢えたり平安や人権など、日本国憲法が主に前文に掲げる事柄を見つめ、もし国民の基本的人権を侵害しているようなことがあれば、それを改善する制度や仕組を創ることを考える機関にしてもいいでしょうし、それ以外にも、様々なことが考えられます。つまり衆議院が国の運営の大きなフレームをつくるのに対し、参議院はそれが取りこぼしてしまうようなことをすくい上げる働きをするということです。

そうして衆議院と参議院と国民象徴会議を連動させれば、そこから自ずと浮かび上がる制度改革も無数に考えられます。一例を挙げれば、現在、政党交付（助成）金というお金が国民の税金から政党に支給され、それを党首が自党の議員の活動を助ける（あるいは縛る）ために議員に配る制度がありますけれども、これなどは、選挙で国民の委託を受けて当選した議員が、国民の方ではなく党首の方を見て国会に参加するということがどうしても起きがちになります。というより、その制度そのものが、多数党が党の拘束力を強くするために導入したものです。これは政党至上主義であり、構造的に国民を無視する方向に走りがちになりますから、すぐに改善が求められるでしょう。

細かなことですが、それと関連して言えば、たとえば現在日本では、選挙の候補者となるには供託金の提出が伴います。その金額が先進国の中では異常に高く、貧乏人は選挙に出られません。必然的に候補者そのものが金や地位や組織を持つ人に偏りがちになります。

ハードルを低くしたのでは誰もかれもが参加して選挙に重みがなくなる、などという人がいるかもしれませんが、しかし近代以降の選挙というのはもともと身近であればあるほどいいのですから特に問題はありません。しかも選ぶのは一人ひとりの選挙民であって、制度が候補者を金額でふるい分けるというのは民主主義的な制度とは言えません。

しかも日本の場合、特定の候補者を後援する政治団体が、それによって当選した議員が亡くなった場合に、例えば息子を候補者に立てて団体が保有する政治資金をそこに投入することができ、資金や既得権や地縁などを引き継ぎやすくなっているために、国会議員の中に世襲議員が極めて多くなっています。このような法の下の平等の概念を逸脱した現実は、それを助ける悪しき制度によるものにほかなりません。

政治とは一人ひとりの国民のためにこそあるのであって、国や党派の利害や既得権者のためにあるのではないという原点に照らし合わせれば、そして国民が悪法や悪政に対しては否《ノー》の意思表示を簡単にできる制度があれば、上記のような制度は次第に廃止を余儀なくされていくでしょう。

国民象徴会議は、政府や政党の暴走を自ずと抑止する力になりますし、平成天皇が常に考え続けてこられたように、国民の一人ひとりが日本や日本国の運営に関して考える機会を増やすことにもつながるでしょう。またそれによって様々な法律の改正や、行政上の改革などが促進される可能性が大いにあります。

ここにあげた例ばかりではなく、他にも様々な制度や仕組が考えられるでしょう。それをみんなで考えることこそが、つまりは憲法を礎《いしずえ》にして、より良い国家運営とその仕組を考え続けることが、私たちの国や社会をより良くすることにつながります。

戦争の放棄（第二章）第九条

戦争の放棄

日本国憲法では、第二章で「**戦争の放棄**」を宣言しています。第二章は第九条と、その2項のみで内容は極めて端的です。しかしこの条項は、国家が掲げる理念、並びに国の形を規定する概念としては、人類史に末長く記憶されるべき極めて先進的な内容です。すなわち第九条で、「**日本国民は、正義と秩序を基調とする国際平和を誠実に希求し、国権の発動たる戦争と、武力による威嚇又は武力の行使は、国際紛争を解決する手段としては、永久にこれを放棄する**」と述べ、続く2項で、「**前項の目的を達するため、陸海空軍その他の戦力は、これを保持しない。国の交戦権は、これを認めない**」と記しています。

これが意味するところは明解です。日本国は永久に戦争をしない国になると宣言し、その目的を達成するために、陸海空軍等の軍事戦力を持たず、しかも国同士が戦争をし交戦することを国家が国防のために持つ当然の権利であるというような考えは認めないという立場を表明するとともに、人類がこれまで長い間にわたって、武力を国の平和を保つ手段としてきた国家運営のあり方を否定しています。

この新たな未来を切り拓く果敢な意思に満ちた決意は、人類史的に見て画期的です。前文で日本が犯した戦争の愚を二度と繰り返さないと述べている憲法ならではの、無条件の、戦争ならびにそのための武器や兵力の全面的な放棄であり、国際平和を構築する手段としての戦力や、これまで国を防衛するための当然の権利と思われてきた交戦権をも否定するという考え方です。これは第二次世界大戦の反省を経て設立された国際連合が目指す理念にも通じますが、それよりもはるかに果敢で先進的な理念です。

これは戦争のない平和な世界を世界が協力して創り上げて行く道の先頭を歩む決意を日本国民が世界に先駆けて宣言したもので、この憲法が創られた当時においては、理想主義的な条項と受け取られたかもしれません。しかし現在では、実はむしろ極めて現実的で堅実で賢明な国家運営指針といえます。

今や地球上の国々の営みや経済は密接につながり合っています。地球上を絶え間なく物も人も情報も大量に行き交い、貨幣も株も世界的に連動しています。とりわけ先進国と呼ばれる経済力のある国々は、アメリカ合衆国であれ中国であれヨーロッパの国々であれ日本であれロシアであれ、それぞれの経済活動が互いに密接に関係しあっています。

そこでは、国民の生活と平和を護るべき国家が取るべき手段としては、戦争はすでにあらゆる観点から見て最も愚かな、およその国にとっても不利益、あるいは深刻な被害しかもたらさない最悪の選択肢になっています。そのことを確認するために、人類史における戦争の歴史とその変質をみることにします。

戦争の歴史

人類の歴史は戦争の歴史でもありました。人間は地球上のあちらこちらに住み着き、家族をつくり、共同体をつくり、集落をつくり、ルールをつくり、自分たちの場所で生きて行く糧をつくり、子どもをつくり、生活圏を広げ、他の人々の生活圏との境界を巡って戦い、あるいは和睦《わぼく》し、仲間を増やしてきました。

さらには、例えば仲間が増えて手狭になった居場所を出て、より豊かな土地を求めてさすらい、ここぞと思う場所を、そこにすでにいた人々を駆逐して住み着き、そこを自らの新たな居場所としてきました。そこでも戦があったでしょう。

そうしたことが地球上のあちらこちらで繰り広げられ、人が増え、街ができ、都市ができ、国ができて、もともと誰のものでもなかった大地にくまなく名前がつけられ、国の領土となっていきました。やがて誰かの領土ではない土地は少なくなり、豊かな土地を奪い合う戦争が起き、国を統治する王や将軍が率いる軍隊によって領土を護り、戦いは勝敗が決するまで、あるいは領土や諸権利をめぐる争いがある程度の均衡を保つまで続けられました。

そうする中で武器ができ武具ができ、より強固な武器、より頑丈な武具が作られ、騎馬や騎馬戦車のような機動力が考え出され、それが戦いの勝敗を分ける要因となったりもしました。

やがて火薬がつくられ、鉄砲がつくられ、大砲がつくられて、それまで基本的に人と人とが一対一で殺しあっていた戦争の様相を変えました。弓矢の届かない遠い場所から銃で人を殺し、騎兵が近づくよりも前に騎手を殺し、あるいは近づく騎馬の一群を、大砲で吹き飛ばしながら進軍し、街を壊し、他国を属国にしたりもしました。

　さらには大きな船をつくって国を出て、圧倒的な武力の差を背景に自分たちが発見したとする場所の先住民を駆逐し、広大な大地を自らのものと宣言し、そこに住んでいた人々を殺し、あるいは奴隷化しました。

　そうして大国はさらに大国となり、小国は属国となったり消滅したり、その国に固有の何かを駆使してかろうじて生き延びたりなどして、やがて、どこの国のものでもない大地は、地球上にはほとんど見当たらなくなりました。

　そして、近代という特殊でパワフルな時代がやってきます。そこに至るまでに幾多の戦争が繰り返されました。しかし太古の昔から近代という時代が幕を開けるまでには、十万年余の歳月が、都市国家が出現してからでも一万年もの時が流れていますが、その間、戦争のありようはそれほど大きくは変わりませんでした。しかし近代に入って、戦争のありようが急激に変化し始めます。

近代国家の特殊性

近代国家は象徴的にはフランス革命と産業革命という人類史的な出来事を背景にして構築された、基本的には全く概念と方向性の異なる二つの社会的エンジンを連結させて国家を駆動させる、それまでの人類の歴史にはなかった国家の仕組です。

一つ目のエンジンは、法のもとに平等の基本的人権を持つ一人ひとりの国民が国の主権者であるとする国民国家の概念と、それに基づく国家運営の仕組です。主権者とは自らが帰属する共同体の運営上のルールを決める権利を有する者という意味です。

それまでは、王や皇帝や貴族や宗教上の権威者や将軍や職人などの組合やそれらを頂点とする組織が独自のルールを決めてきたわけですから、これは人類史的な大転換でした。選挙で選ばれた国民の代表が議会で法律などのルールを決める議会制民主主義制度や三権分立などの仕組も、この概念に基づいています。

それまでは国と呼ばれるもののほとんどは、都市を中心とした都市国家的な共同体、あるいはその連合体であって、その多くは、それほど大きな規模ではありませんでした。またその都市や都市連合体が、経済的、歴史的、文化的、技術的なことを含めて何によって生きるかによって価値観も異なり、さらには、都市の内部においても、職人や軍人や農民や教会などの様々な、異なる職能や利害を持つ集団があり、それらが独自の内部的なルールをつくって自らの存在と権利を主張したりしてきました。

例えば職人や商人がヘソを曲げれば、街の生活が機能しなくなるため、彼らは団結して自らの価値観や事情や必要性に応じて独自の権利を主張し確保してきました。

王や貴族やそれを支える組織は、社会的な構造の中ではそれらの上位にありながらも、同時にいわばそれらの諸団体や組織の調整機関であり、その統治の方法も地域や文化風土によってそれぞれ異なり、世界中で千差万別の、それこそ無数の大小種々雑多の国や都市のありよう、つまりは国と国民との関係のありようが存在しました。

しかし近代に入って、近代国家の仕組が構築されるにつれて、関係が激変し始めました。この仕組によって、フランスやイギリスやドイツなどの都市国家共同体的だった国が、それらの総体を覆う国全体のルール、すなわち国とすべての国民との関係のありようを新たに定めて、国民と国家が一体化し始めます。また国としての活動範囲や規模も大きくなり、国民国家の制度的な仕組が次第に世界中の先進国に取り入れられて、近代国家の基本的な形が世界標準化しました。

この仕組には基本的に二つの重要な特徴があります。一つは、国民の一人ひとりが平等の基本的人権を持つ個人としてダイレクトに国と関係を持ち、法の下の平等という概念の中で自由に暮らせるのと引き換えに、名前や住所などを国家に登録して国に税金を払う義務を負うということです。

もう一つの特徴は、選挙によって自分が良いと思う人を代議士として選び、その人たちが集う議会で国家運営上の様々なルールが決められ、自分たちが選んだ人たちが決めたルールなのだから、その範囲の中で生きる義務を国民が負うということです。逆に言えばその範囲内であれば、基本的には何をしても自由だということになります。

しかし選挙というのは短期間に集中的に行われますから、ともすれば、その時々の気分や流行りや状況に左右されるために、既に述べましたように、選挙で選ばれた人たちのうち、ある特定の価値観を持つ人たちの集団がたまたま議会の多数を占めた場合、その人たちの価値観を反映した、その価値観やその人たちにとって都合のいい法律が連発される危険性があります。そこで、そのようなことが起きないようにするために国民を護るものとしての憲法を置きました。それが近代国家において特徴的な立憲議会制民主主義制度です。

こうした仕組と連結させて近代国家を稼働させてきたもう一つのエンジンは、産業化という概念と、それを推進する国家運営の仕組です。近代国家は、産業革命によって、石炭や石油や天然ガスなどの化石燃料を燃やして出る熱や爆発力を用いて機械的動力を稼働させ、それまで人や家畜や水や風がつくりだすよりもはるかに大きな力で、工業製品や食料や衣料を大量につくりだし、それを売って利益を得る仕組を持っています。

より多くのものをつくり、それをより多く売る力を持つ国の国民は、当然のことながら、衣食住や便利なものや情報などを、そうでない国の国民に比べればより多く手にして、そのぶん物質的、文化的に豊かな生活を送ることができます。

幾多の化学的、科学的、あるいは技術的な発明や発見がそれを後押しして、汽車ができ、汽船ができ、自動車ができ、電車ができ、飛行機ができ、物資や人を、それまでに比べれば比較にならないほど大量に早く遠くまで運び、それぞれの国が大量生産大量消費の無限拡大を競い合う状況がうまれました。経済戦争、技術戦争、資源や市場の獲得戦争の始まりです。

そこではしばしば主権者である国民よりも国家の存在とその発展が重視され、主権者が国家そのもの、あるいは時の政府や軍部であるかのような本末の転倒、あるいは権力の暴走がしばしば起きました。

相反する要素を抱え込んでいた近代国家の仕組

上記の二つの近代国家に特徴的な二つの要素、すなわち国民国家と産業化社会という要素は、どちらも人類史にかつてなかった、国家を稼働させるパワフルなエンジンでしたが、しかし互いに全く異なる概念と方向性を持っていました。

すなわち国民国家という概念は、国家運営をどうするかという政治的な概念です。国会も憲法も三権分立も基本的人権も平等も、どのように国家を運営したら、国民が主役であるような国を創り上げることができるかという命題のもとに編み出された仕組であり概念です。

それを支えるのは基本的には、人と社会、あるいは人と国家との関係はこうあらねばならないとする人間的理性やそこから組み立てられた思想をバックボーンとしています。人間は本来平等であるべきだという啓蒙思想やロマン主義や進化論やマルクス主義や科学至上主義など、近代に登場した多くの主義は、大雑把に言えば、人間社会は本来こうあるべきだという考え方（イデオロギー）を表したもの、言葉を代えれば善悪を論じる方法です。その善悪を政治に反映させるのが政党であり、政治の役割は、主権者である国民にとって良いことを増やし悪いことを減ずることにほかなりません。

ところが産業革命がもたらしたものは、それとは対極にある、物と生産と資本によって回る経済的な仕組であって、それを稼働させるのは善悪ではなく損得です。これはまるで水と油のように異なります。水は命の源であり、油はエネルギーの源だともいえますが、善悪と損得とは、水と油以上に異質です。

しかしそれらが一体となって、まるでガソリンを爆発させてエンジンを回しそれを水で冷やして走る自動車のように爆走したのが近代国家です。つまり近代国家は、スタートした時点から既に、善悪をめぐる政治と、損得をめぐる経済という、相反する二つの要素を、国という仕組の中で一緒くたにして国家運営を行うという矛盾を抱えながらも、その間を行ったり来たりしながら、結局は経済が政治を次第に呑み込んでいったのでした。いわゆる革命や社会主義と資本主義とのせめぎ合いも、その過程の中で起きた人類史的な出来事であり、壮大な実験であったともいえます。

軍事産業という特殊な産業

こうした矛盾を抱えた近代国家の中で、産業化、すなわち経済力の増大による豊かな国家という幻想がもたらした一つの大きな構造的欠陥は、国が富むことがすなわち国民が富むことにつながるという理屈で、国同士が国力とその増大を競い合ったことです。

大量生産にはその原料やエネルギーや労働力の大量調達が必要であり、大量消費には大きな市場が不可欠です。大国はその拡大にしのぎを削って生産力や技術力を増大させ、植民地を奪い合い、それを後押しするものとしての、また植民地を統治するための軍事力や金融資本力を、富国強兵の掛け声の下に増大させ、競って国力すなわち経済力と軍事力を競い合いました。

その結果いたるところで軍事衝突が起き、十九世紀には多くの植民地獲得戦争や独立戦争が、そして二十世紀には、二度の世界大戦に象徴される人類史にかつてなかった規模の世界戦争が繰り返され、ついには核兵器という悪魔の兵器までつくって、それを使用するに至りました。

それは化石燃料を燃やして巨大なエネルギーを得る近代的な方法の延長線上にあると同時に、ダイナマイトや内燃機関などの爆発力の利用、ならびにその兵器化と破壊力拡大競争の流れの中でつくられました。

しかし核兵器は、人間社会や文化を培う原資である人の命や街を一瞬にして破壊し、しかも放射能という、人間はもとよりあらゆる生命や自然に致命的な被害を長期間に渡って与え続ける物質をまきちらす悪魔の兵器であって、地球という生命体とその体系をことごとく破壊してしまう、地球上にあってはならない絶対悪です。

核の平和利用と唱えられてつくられた原子力発電もまた、核兵器の材料のプルトニウムと核にまつわる諸技術の確保のためという側面を持ち、チェルノブイリやスリーマイル島や福島の事故を見れば明らかなように、いったん暴走すれば、自国民と自国の自然、そして地球上を覆うものとしてある空気や土や海の水などに、致命的なダメージを与えます。

核兵器が、それを使って戦い合えば世界が滅びるという最終兵器であることは、誰の目にも明らかです。にもかかわらず、列強は一触即発の緊張の中で睨み合う東西冷戦時代に、愚かにも、より破壊力の大きな核兵器やそれを搭載する大陸間弾道弾を大量に競って配備し、それを増強し続けました。

その背景には、国力の増大を目的に軍事力の増強を続け、国の経済の仕組の中に近代の産業化社会が産み出した悪しき産業である軍事産業を、国の中核的な産業として国家の産業構造の中に組み込み、それを増大させ続けて経済を活性化させるという、悪魔のサイクルが存在しました。

軍事産業は極めて特殊な産業です。生産品は全て人間を殺傷し街を破壊するためのものであり、しかも核のような破壊力を持つ兵器が大量に存在する中では、むしろそれらは使われることなく、つまり消費せずに開発競争をし続け、次から次へと新しい武器や兵器を開発し、古い兵器を破棄あるいは他国に売却するなど、産業化社会の大量生産大量消費のサイクルを、国家存亡に関わる重要産業であるという理由の元に、国家経済のために大規模で回すことで成立する産業です。

つまり戦争などせずに、戦争の勃発という恐怖や妄想をテコに、国家予算を湯水のように費って開発競争をし続け、軍備を拡張し続けることが、国や関係者にとって最も儲かり、かつ好ましいという奇妙な産業です。

それに加えて軍事産業は技術開発に莫大な予算を投入するため最先端テクノロジーと常に密接に関わっていて、国内の産業に対する波及効果も大きく、アメリカ合衆国のような大国では国が積極的に軍事産業を強く後押ししたために、軍事産業がなければ国の経済が成立しないほど、軍事産業は国家と一体となった巨大産業連合体になっています。

そうしたなかで、使うか廃棄しなければ貯まる一方の武器弾薬を消費するために、またつくった兵器の性能を実戦で試すために、アメリカ合衆国やかつてのソビエト連邦を中心とする大国は、第二次世界大戦後も、核を保有する国同士の直接対決を回避して、軍事力がはるかに劣る小国を相手に局地戦争をし続けてきました。

一九五〇年に始まり今なお休戦状態にある朝鮮戦争。フランスからの独立戦争として始まり冷戦時に米ソの代理戦争と化し、一九六四年からは米軍の駆逐艦が北ベトナムの魚雷攻撃を受けたという情報を捏造して合衆国が直接大規模介入を開始し、一九七三年に撤退するまで続いたベトナム戦争。一九七八年のソビエトによるアフガニスタン侵攻。一九九〇年の湾岸戦争。一九九二年のソマリア内戦への軍事介入。9・11を受けてテロとの戦いという名目で二〇〇一年から二〇一四年まで続けられたアフガニスタン戦争。さらには大量破壊兵器を有するという架空情報を理由に二〇〇三年に開始され二〇一一年に米軍が撤退するまで戦闘が繰り広げられたイラク戦争。二〇一一年にカダフィ政権の壊滅を意図したリビアへの攻撃。そして対ＩＳ戦争、などなど。

こうしてみれば、二つの悲惨な世界大戦の後も、絶え間無く局地戦争が繰り広げられ、そこで流される無数の人々の血とは関係なく、軍事産業が大国の産業構造の中に強固に組み込まれている現実が浮き彫りになってきます。

もはや過去とは次元の異なる戦争

しかし戦争の実態は、二十世紀末からさらに大きく変化します。それまでの二十世紀の戦争は、大国が小国への一方的な攻撃で、巨大な軍事産業が抱える膨大な在庫を一掃するかのように繰り返された、いわば軍事産業のために行われるかのような戦争でした。しかし世界の交通網、情報網の発達と基本技術の世界化と為替の連動による金融資本のグローバル化によって、国の枠を超えて活動する多くの多国籍企業が登場して、生産拠点や販売拠点が地球上に広く拡散し始めました。

このことは、かつて国家と一体のものとしてあった企業が、既に国家とは別の独自の行動原理を持ち始めたことを、つまりは国家と企業の利害が必ずしも一致しなくなったことを意味します。

いまや世界企業は、原理的には世界中のどこにでも、つまりはより経済的、税制的、流通的に有利な条件を備えた場所に生産拠点や本社を置くことができるようになりました。それは同時に、国家が大企業に対して、国に払う税金等の条件を緩和するという国家間の競争をせざるを得なくなったことを意味します。

つまり国民のための善悪を采配する役割を持っていたはずの国民国家における政治が、大資本の意向に左右されざるを得なくなったということです。もちろんそのことによって損をするのは国民という個々人です。国は自らの巨体を維持するために、大企業への優遇によって減った税金を別のところからかき集めなければなりませんが、最も簡単なのが個人への課税です。国民国家において国民は、名前も住所も固定資産も把握されていて、逃げも隠れもできないからです。パスポートがなければ、外国に移住することさえできません。

つまりこのような時代においては、戦争は大国が小国に仕掛ける局地戦争や小国の内乱はあっても、経済大国どうしがかつてのようなドンパチやりあう戦争をすることは非現実的です。戦争はすでに金融資本力や情報ネットワーク力や最先端技術力やマーケットのルールづくりにおける力のせめぎ合いや交渉力の戦いの次元へと変質してしまっているからです。

超局地化した戦争

しかも9・11以降、戦争の変質はさらに進んでいます。9・11は、一九九一年のソ連の崩壊のあと、世界の金融資本を独占し始めたアメリカ合衆国の金融資本ビジネスを象徴するビルへの攻撃でした。パールハーバー以降、アメリカ本土への直接攻撃を受けたことのなかったアメリカは直ちにテロとの戦争を宣言して、ほとんど丸腰のアフガニスタンに圧倒的な爆弾攻撃を行いました。

この時点ではまだ旧来のアメリカ型の戦争を継承していたともいえますが、しかし敵はテロリストであると愚かにもブッシュ大統領が宣言したその瞬間から、戦争はそれまでとは全く異なる次元へと突入しました。

すなわち、国と国とが、例えば領土や資源や支配権を巡って、双方の軍隊同士で戦うといった次元から、大国の無差別爆撃で親を亡くし子供を亡くし仲間を亡くした小国の人々や、金融資本主義経済がつくりだした絶望的な格差や差別に虐げられる人々、さらには大国の横暴に義憤を覚える人々や、社会や自らの状況に怒りや悲しみを抱いて暴力的な行動に走る人々や、単に病んだ精神や考えの持ち主などが、自らの体に爆弾を巻いて自爆したり、どこにでもある自動車を使って群衆を轢き殺したり、銃を乱射したりといった、憎しみや悲しみや絶望や無知や凶暴を武器にして、敵とみなした国の国民、つまりは普通の市民を対象にして無差別殺人を起こす超局地戦争へと変質、あるいは大規模無差別殺人事件化しました。

テロリストを敵とみなして国家が戦うということは、地球上のあらゆる場所を戦場化することを意味します。地球上に悲しみや憎しみが溢れている以上、また絶望的なまでの貧富の格差が経済大国の内部にさえある以上、いつ誰がどのような自暴自棄な暴力に走るかは誰にも予想がつきません。それを防ぐためにという理由で、いたるところに取り付けられた監視カメラとインターネットとスーパーコンピューターが世界中のあらゆる人々の日常を監視します。

疑心暗鬼が地球を覆い、人類史にかつてなかった規模と精度の監視社会が人々の心を萎縮させ、飢餓や病気による子供の死や戦火を逃れた難民がいたるところで無数に発生する一方で、数人の資産家が、地球の金融総資産の半分を所有するような異常な社会を地球上にもたらしました。

つまり損得が善悪を呑み込み尽くし、憎悪が無差別に一般市民に向けられるようになりました。これは国家が国民を護るのではなく、国民から収奪するようになったことと無関係ではありません。

さらには、国家規模のサイバー攻撃がしのぎを削り、少年少女がペンタゴンのコンピューターにさえ侵入できる時代にあっては、ネット上での国家的な情報攻撃と金融資産泥棒と面白半分のゲーマーのいたずらとの見分けさえつきません。

戦争《バトル》のメインフィールドはもはや、かつてのような戦場ではないのです。というより、9・11以降、原理的な矛盾を抱えた近代が行き着いたのは、地球上のどこもが瞬間的に地獄化するような悲惨な状況です。

すでに変質した安全保障

このような状況の中では安全保障の方法も変化せざるを得ません。近代以前においては、戦争は勝者に何らかの利益をもたらしました。領土や資源を奪い取ったり、敗者を隷属させて労働力を得たり市場を確保できたからです。もちろん敗者はその逆で悲惨です。しかし機動力を駆使して大量殺人と大量破壊を行った二十世紀の戦争においては、敗者はもちろん勝者もまた深刻で甚大な被害を余儀なくされました。

軍事関連産業は戦争によって一時的に利益を得ますけれども、しかし国家の経済にとっては、恐怖や緊張を煽《あお》りつつも、自国の存亡に関わるような重大な戦争を起こすことなく武器を生産し続けるか、たとえ戦争をしたとしても、自国から離れた場所で、短期的な局地戦争を繰り返し、それをカンフル剤として経済を活性化させる程度が、実は大国にとって好都合な戦争のありようです。

どちらにしても戦争は大国の軍事関連産業を利するだけであり、自国が戦場になったり戦争が長引いたりすれば、それさえ打撃を受けます。もちろん国民が被る被害は甚大ですし、国家も過重な戦費で疲弊します。

突き詰めれば人と人との殺し合いでしかない戦争は、ベトナム戦争やアフガニスタンあるいはイラク戦争の経過を見ればわかるように、基本的に長引けば長引くほど、憎悪が積み重なり、やがて死をも厭わない肉弾戦が繰り返される状況に陥るなどして、泥沼化せざるを得ません。

二十世紀以降の戦争では兵器の破壊力が急速に拡大され続けてきたために、戦争を起こせば自国が負うリスクも大きく、戦争はすでに大国にとってさえ可能な限り避けるべきものになっています。国際連合が第二次世界大戦の戦勝国を中心にしてつくられたのも、戦勝国にさえ甚大な被害があったからであり、世界戦争の愚を繰り返さないためにほかなりません。

しかも今や通貨も株や国債などの金融商品も世界的に連動し、大企業は多国籍化し、企業と国家とは、もはやかつてのように利害を共にするものではありません、多国籍企業の活動は世界中に及びますから、大戦争は多国籍企業にとっても金融資本にとっても最も回避すべきものです。というより、現在は経済大国同士の相互依存や株や為替の連動がすでに深く進行していますから、経済大国同士の戦争は今や地球規模の心中と同義であるために、決して起こしてはならないものになっています。

しかも二十世紀末、とりわけ二十一世紀に入ってからは、インターネットを介して情報が地球上をくまなく瞬時に飛び交い、人や物資は世界をくまなく移動し、情報も金融資本の取引も瞬時に地球規模でなされます。大企業は現実的には今やどこにでも本社を置けますから、国は企業の国外への流出を防ぐために、税制の優遇処置を競い合います。

すでに国家運営の仕組が肥大化した経済大国においては、行政機構などの国家運営組織を維持するために国民の税負担を重くするか、明日のことなど考えずに借金を増やし続けるしかありません。そのような中で経済大国が旧来のような戦争を起こせば、自国が自滅するばかりではなく、世界経済が破綻します。

今や地球上の国家や国民にとっての脅威は旧来型の戦争ではなく、自暴自棄の無差別殺人、いわゆるテロ攻撃や、世界経済の破綻です。そしてこれは大国の軍事産業を利するために行った局地戦争が招いた憎悪と、グローバル金融資本の暴走がもたらした人類史に例のない富の偏在がもたらす絶望と、際限のない金融資本の膨張とそれを取り巻く欲望、さらにはテクノロジーがつくりだした無法地帯ともいうべきインターネットの世界における、ハッキングや詐欺や窃盗や情報収集などがつくりだした人類史的なリスクです。

つまり経済大国における国民にとってのリスクのありようが、過去とは全く異なってきているということです。他国との全方位の信頼を築かずに、テロや局地戦争の脅威を国家が煽ることは、強固な管理社会を国家権力がつくる理由にこそなれ、国民の暮らしを護り幸せを増やすことにはなりません。

それらのリスクを生じさせている構造的で現在的な矛盾や課題を放置すれば、テロはいつどこでもどんな形でも起き得るばかりか増大の一途を辿り、地球上のあらゆる社会に暴力と猜疑と憎しみと悲しみが蔓延し、暴力が暴力をうむ負の連鎖が加速します。しかも、そこで傷つくのは国家ではなく国民です。

テロによって例えば数十人の市民が死傷して未来を断たれ、あるいは傷つき、家族や知人の暮らしに深刻な被害と悲しみを与えたとしても、それによって国家が揺らいだりはしません。

現代の経済大国の構造的な問題が、国家が国家の形を維持し続けようとして、具体的には中央集権的な国家的組織とそれを稼働させる予算を維持するために、税制において大企業を優遇し、そのツケを国民一人ひとりの税負担増に回し、福祉予算を削減しインフレを誘導して国民を苦しめることにあるのと同じように、元々は国の経済が軍事産業に依存しているような大国の横暴から生じた局地戦争や内戦やテロと呼ばれる無差別殺人事件の被害や悲惨は、現代では軍人ではない市民に及びます。

このような現代の世界情勢、経済情勢の中では、軍産共同体が国の産業や治世の中枢にある国の属国のように日本がその核の傘の下に入り、言われるままに兵器を買い、海外派兵の発信基地や攻撃の拠点となる米軍基地を国内に無数に置き、その運営費を払い続けることは、現代における安全保障の観点から見れば、自らリスクを高めることでしかありません。

つまり、国民が主権者である国家が、国民の命と暮らしを護るために為すべき現実的で最も有効な方法、そしてこれからの国家の安全保障においてまず為すべきことは、一刻も早く戦争と縁を切り、他国民との信頼を築き上げることにほかなりません。

日本国憲法第九条の現実的意味

このような地球の現実を冷静に把握すればするほど、これからの世界と自国の安全保障を考える上で、日本国憲法の第九条の重要性とその有効性が、現実的な光を帯びて浮かび上がります。同時に、日本国憲法に基づいて、私たちと私たちの国がなすべきことが明瞭に見えてきます。

第一にやるべきことは、日本国憲法の第九条と第2項が示すとおりに、日本が全面的に武装解除することを、あらためて世界に先駆けて宣言し、自衛隊が現在保持する兵器を捨てることです。

自衛隊には自国を軍事的に防衛するという意味が含まれていますから、名前を例えば、「特別災害救助救援隊」と変え、かつて自衛隊と呼ばれていた組織は、これからは憲法に記されている通り戦争とは縁を切り、国内外の災害救助や救援を行う組織となることを宣言し、そのことを世界に知らしめるために、たとえば軍艦や戦車や銃や戦闘機などの武器を壊し、それを鋳溶かした鉄材で被災地に鉄橋を架ける様子などを世界に告知するのもいいでしょう。

また特別災害救助救援隊は、非武装中立の災害救助救援部隊として、自国だけではなく他国の災害に対しても出動する用意があることを宣言し、実際にそのよう活動を行なう中から、他国の信頼を少しづつ築いて行くことが大切です。それがこれからの安全保障にとっては最も重要です。

何かあった時に駆けつけてくれて、人命を救助したり瓦礫を取り除く作業や医療処置などを、誠意とハイテクを駆使して行なってくれる特別災害救助救援隊を、そしてそれを派遣してくれた日本という国と国民を、誰が悪く思うでしょう。少なくともテロという名の暴力が日本で日本人を対象にして行われる確率は確実に減るでしょう。

国連憲章には、**「基本的人権と人間の尊厳及び価値と男女および大小各国の同権に関する信念を改めて確認し、**（中略）**寛容を実行し、且つ、善良な隣人として互いに平和に生活し、国際の平和及び安全を維持するためにわれらの力を合わせ……」**（国際連合広報センターＨＰ）と、日本国憲法の精神とも通底する理念が述べられています。しかし、現在の時点では、理念に比べれば十全な働きをしているとは言えない状態にある国連を、特別災害救助救援隊の存在と活動は、その理念に一歩でも二歩でも近づけることに、大きな働きをし得るでしょう。

そのような信頼の網を世界中に張り巡らせて世界の平和に貢献する国を、仮に侵害するような愚かで不埒《ふらち》な国が現れれば、国連と世界中の国々は一斉にそれを非難し、その国は国際的にたちまち立ちいかなくなるでしょう。日本が有する経済力、技術力、文化力もまた、うまく活用しさえすれば核などよりもはるかに現実的で強力な抑止力になり得ます。

国家の安全保障の原則は、あくまでも国民の安全と平和を維持する上で障害となるものを排除し、国民の生命の危険や安心を阻害するリスクを極力減らし、より文化的で健やかな暮らしを安心して続けていけるようなことを促進することであり、自衛隊を特別災害救助救援隊へと大変身させることは、国内外に大きな安心をもたらすとともに、地球が希望を取り戻すことにもつながるでしょう。

そもそも国政の基本は、その時々の首相や政府などが国民の委託を受けているとして個人的で恣意的な道を選択することなどにあるのではなく、あくまでも、国民の平和な暮らしを害するリスクをいかに少なくするか、国民が健康で文化的な暮らしを送り続けるにはどうすれば良いか、そしてどうすれば明日への安心や喜びや希望を増やして行けるかという観点に立って、何が国民にとってプラスが多いか、何がマイナスが多いかを比べて、少しづつプラスを増やしマイナスを減ずることにあります。

つまり、すでに述べてきたような今日の世界の現実の中では、軍事関連産業を利するためにしかならない軍備拡大になけなしの予算を配分し続け、かつての冷戦時代さながらに、多くの局地戦争の原因を自らの軍事産業のためにつくりだしたアメリカに肩入れし続けるのと、武装を放棄して世界の国々から愛される国になるのとでは、どちらが日本国民にとってリスクが大きいか、あるいはどちらの方に希望や明るい未来があるか、前文が示すように、あくまでも国民とその福利にとって何が損か得かを考えるべきです。

また日本は戦後の復興期において、自動車や家電などを得意産業として発展させ、世界から信頼を得るようにまでなりましたけれども、それを支えたのは、日本国憲法九条とその2項です。日本がアメリカのように軍事産業に頼り、戦争をせずにはいられないような国になるのを防ぐ働きをしたのは日本国憲法であり、それがあったからこそ日本人は、そのぶんのエネルギーや情熱を平和産業に注ぎ、勤勉で向上心と工夫力に富む自らの資質を生かして文化的、人間的な商品を生産して、世界の信頼を得ることができました。それを直接的間接的に支えたのは日本国憲法です。

つまりアメリカのように戦争をせずには経済が立ちいかないような産業構造の国に堕

するのと、高度成長期の日本のように家電や自動車などの暮らしのための産業や文化で世界から信頼されるのとでは、私たちの現在と未来にとってどちらが良いかということです。

あるいは福島の原発事故が継続中であるにもかかわらず、核兵器製造のために存在するような原発を、地震大国、火山大国の日本に置き続けることに執着し続けるのと、自然エネルーギー大国である日本の自然と、技術革新に長けた日本人の特徴を生かして、より健康的で環境負荷の少ない新たなテクノロジーを育てるのとでは、どちらが日本国民にとってリスクやプラスが大きいか、あるいはどちらの方に希望があるか、どちらに国民は喜びを感じるかということです。それを考えるのがこれからの政治です。というより、それが日本国憲法が求めている政治のありようです。

もちろん、第九条に基づいて自衛隊を武装解除して特別災害救助救援隊にすれば、軍事予算を大幅に削減できることは言うまでもありません。もちろん現代において最も大きなリスクを抱える軍事大国アメリカ合衆国一辺倒を余儀なくされる日米同盟は破棄し、米軍基地は全て廃止して別の用途に供します。

日本国憲法第九条に基づけば当然のことながらそうなります。そうすれば日本国民が背負う外部からのテロのリスクは、アメリカの核の傘の下に入り軍備拡大を続けるより、はるかに低くなります。列強が植民地収奪戦争を繰り広げた時代とは異なり、すでに大国の経済が密接に相互依存する今日的状況の中では、巨大な経済力を持つ日本に戦争を仕掛けるメリットを持つ国など、どこにもないのですから。

そうすれば沖縄や北海道をはじめ、日本全土を世界が羨む安全で美しい場所にすることも可能です。世界から羨望を集める京都や奈良や美しい里山や街や田園を創った、夢と創意工夫と緻密さと繊細な美意識と技術力に富む日本人に、それができないはずがありません。

また古くから他者を思いやる心を大切にしてきた日本人が、日本国憲法の前文にあるような、「**恐怖と欠乏から免かれ、平和のうちに生存**」することができる社会を創り上げられないはずがありません。こうしたことの実現にとって、日本ほど好条件が重なり合った国はありません。ましてや日本は、その礎となり得る日本国憲法を、現に有しているのですから。

国民の権利及び義務（第三章）第十〜四十条

基本的人権

日本国憲法では、第三章で国民の権利と義務について記しています。第三章の最初の条項である第十条には、「**日本国民たる要件は、法律でこれを定める**」とあり、日本人とはどういう人をさすのかは国会で定めた法律によって規定することになっています。憲法の役割は、社会や建築や都市空間創りにとってのマスタープランのようなものですから、様々な法律や運用の仕方などのディテールに関しては憲法の主旨に基づいて国会で決めることになりますが、前文にありますように、日本国憲法は基本的人権を最重要視していますから、第三章では第十一条において、まずこのこと、すなわち、「**国民は、すべての基本的人権の享有を妨げられない。この憲法が国民に保障する基本的人権は、侵すことのできない永久の権利**」であるということが述べられています。第三章は、国民一人ひとりの権利を重視する日本国憲法の特徴がとてもよく表されている章です。

基本的人権というのは、立憲議会制民主主義制度を持つ近代国家の仕組の根幹をなす概念で、基本的には近代以降に謳われ普遍化した考え方です。古くはギリシャなどでも民主主義的な国家運営の方法が行われていましたが、当時は市民生活が市民の下に位置付けられる奴隷の働きによって成り立っていました。市民と奴隷とは、明らかに身分が異なり、人としての権利も異なります。

また十三世紀につくられた国家憲法のはしりともいうべきイギリスのマグナカルタにも、国王の権利を制限してイギリスの民の権利や自由を拡大させるということをしていて、そこには人権という概念の萌芽も見られますが、ここでいう民は現実的には貴族たちのことです。

近代国家の憲法における基本的人権は、人として生まれた誰もが持つ権利ということですから、どのような国を目指すかということが記された憲法下では、国民であれば誰もが法のもとに平等に持つ権利ということになります。

考え方としては、一般的には十八世紀末のアメリカのイギリスからの独立戦争時のヴァージニア州の権利章典（一七七六年）やアメリカの独立宣言（一七七六年）、そしてフランス革命時のフランス人権宣言（一七八九年）に端を発していて、全ての人間は生まれながらにして平等であり自由に生きる権利を有するということを前提として国を創ろうとしたということです。

アメリカはそれ以前はイギリスの植民地でしたから、アメリカ人はイギリス人と同等の権利を持っていたわけではありません。そのことに反旗を翻して独立を勝ち取ったわけですから、そこには、これからはアメリカ人同士はみんな平等の権利を持つ仲間であるとしようじゃないかという気持ちが込められていたでしょう。

ただしここでいう人間には当時アメリカに住んでいた黒人は含まれていません。奴隷解放宣言がアメリカでなされたのは南北戦争時（一八六二年）であり、独立当時には黒人はまだアメリカ市民として白人と対等の存在とは考えられてはいませんでした。つまりここでの基本的人権は、宗主国に隷属する存在から一つの独立国家となるための、白人たちが自らを鼓舞する輝かしい旗のような働きをしたと考えられます。

ヨーロッパもフランス革命以前は、王や皇帝や貴族階級や教会といった特権階級が富や権力を占有して国を運営していましたから、フランス革命における基本的人権とは、同じ国民でありながら一般市民とは異なる財産や権力や権威を持つ特権階級に反旗を翻し、自分たちも人間として、また同じ国家の一員として同等の権利を持つ存在であるはずじゃないか、その考えに基づき、選挙によって選ばれた者が国を運営する仕組にすべきじゃないかということで創られた権利です。

つまりこれらは、市民が権力者と闘って自らの手で勝ち取った権利であり、そうした闘いの中から、これからは国を運営するのは、王などの特権階級ではなく平等に基本的人権を持つ主権者である国民が自由に行うようにしようという、人類史において画期的な国民主権の考え方と仕組が近代において創り出されました。

さらに二十世紀の二度の世界大戦の反省を踏まえて創られた国連が行った世界人権宣言では、それをさらに推し進めて、前文では、基本的人権は人類社会を構成する「**すべての構成員の固有の尊厳と平等で譲ることのできない**」権利であるとし、それを認めることが「**世界における自由、正義及び平和の基礎である**」（外務省ＨＰ仮訳文）としています。

つまり基本的人権は、国の違いや肌の違いや男女の違いや帰属する国家の大小や有する富の量などの諸々の違いを超えた、全ての人が有する平等の権利だということであり、それは人類の長い歴史を経て、特権を有するものに対して、そうではないものが人としての権利を主張する闘いの中から育まれていった概念に基づく権利です。

だからこそ世界人権宣言では第一条で、「**すべての人間は、生まれながらにして自由であり、かつ、尊厳と権利について平等である。人間は、理性と良心とを授けられており、互いに同胞の精神をもって行動しなければならない**」（同前）とあります。

基本的人権には一般的に、生存する権利、強制されることなく自由に生き、自由に表現する権利、そして政治に参加する権利などがあります。

第二次世界大戦後にその反省の上に立ってつくられた日本国憲法の理念と、国連の理念には深く通底するものがありますから、日本国憲法における基本的人権とは、一人ひとりの日本国民ならびに、日本国憲法の前文に記されているように、「**全世界の国民**」が有する権利だということになります。人と人とが殺しあう戦争を放棄する理由もまたここにあります。

国民の不断の努力によってもたらされる幸福

第三章第十二条では、「**この憲法が国民に保障する自由及び権利は、国民の不断の努**

力によつて、これを保持しなければならない」とあります。これは第一章の天皇の条項並びに第二章の戦争の放棄に記されている内容と深く呼応しています。国民は常に政府が戦争に向かって暴走したり、国民の権利を侵害する法律などをつくったりしないよう、自らの基本的人権を保持し確保する不断の努力を自分自身がなすべきこととして行いましょうということです。考えてみれば日本国民は戦後、優れた憲法と天皇の存在に依存して、ここに書かれているような努力を怠ってきたように思われます。

第十二条ではそれに加えて、その自由と権利を、「**国民は、これを乱用してはならないのであつて、常に公共の福祉のためにこれを利用する責任を負ふ**」と記されています。つまり、日本国民の一人ひとりが、憲法に定めた国のありようについて考え、自らの自由と権利を保持するために不断の努力を重ねてこそ、国民の総意に基づく国民の統合も平和も成立するのであって、その権利は、常に国民みんなの幸せを思って行使しなければならないとしていて、ここでは国民一人ひとりの主権者としての自覚と自律を促しています。

ちなみに自民党草案ではこの部分は、「**自由及び権利には責任及び義務が伴うことを自覚し、常に公益及び公の秩序に反してはならない**」となっていて、一見似たことを言っているように見えますが、日本国憲法とは、実は主客が逆転しています。

福祉という言葉は、社会の構成員が等しく有すべき幸福を意味しますから、「**公共の福祉のためにこれを利用する責任を負ふ**」というのは、平たく言えば、みんなが幸せに暮らせるように、一人ひとりが有する自由と権利を役立てるよう常に努力しましょう、という意味になります。

しかし自民党草案では、「**公益及び公の秩序に反してはならない**」となっていて、これは明らかに国民がしてはならないこと、つまり禁止条項を設けていることになります。

公益とは社会全体の利益という意味ですし、公は一般的に国家、あるいは政府や行政などの国家運営機関を指しますから、その利益や公が定める秩序に反するなという意味は、大雑把に言えば、反するか反しないかの判断基準は国や行政などの国家機関にあり、それが定めることを守れと国民に命令していることになります。日本国憲法が、社会のみんなが幸せになるために各々が努力しましょうと言っているのと、全く逆の方向を向いています。

全ての国民は個人として尊重される

第三章の第十三条からは国民の権利について具体的に述べられます。まず十三条では、「すべての国民は、個人として尊重」され、「公共の福祉に反しない限り、立法その他の国政の上で、最大の尊重を必要とする」と記されています。その個人は第十四条で、「すべての国民は、法の下に平等であつて、人種、信条、性別、社会的身分又は門地により、政治的、経済的又は社会的関係において、差別されない」と記されています。その2項に「貴族の制度は、これを認めない」とありますが、法の下の平等と差別の廃止を謳っていますのでこれは当然ですけれども、階級格差はどこでもいつもありましたし、将来的に、そのような階級が生じてそれが固定化されることが無いように念を押しているような条項です。

ちなみに個人の権利を強く擁護する姿勢は日本国憲法の大きな特徴の一つです。これは前文で述べているように、政府主導で個々人の人権を無視して第二次世界大戦に突入してしまったことへの深い反省を反映しているからですが、このような憲法のもとでつくられるあらゆる法は、当然のことながら、あくまでも一人ひとりの個々人を尊重し、あらゆる差別から個人を護るものであるべきであって、行政も立法も司法も、常にそのことに留意して、一人ひとりの国民と向き合うべきだということです。

しかしながら現実的には、そうではないことが過去において無数に起きましたし、今も起きています。例えば水俣病などの公害は、企業が企業利益を優先して住民の健康を無視したために起き、そのようなことを防ぐ法律をつくらず、公害が顕在化してもなお、国が因果関係を認めなかったことによる犯罪です。そして、そのことによって健康を害した被害者が、個人として尊重されておらず法の下に平等な扱いを受けていないことを訴えてもなお、国や企業は長い間、その事実を認めようとせず、被害者を苦しませ続けました。

多くの米軍基地のある沖縄では今も住宅地の上を戦闘機やヘリコプターが飛び交い、県民が爆音で悩まされても、事故が起きても、米軍関係者が日本国民に対して傷害事件を起こしても、日米地位協定などという、まるで被占領国と宗主国との関係のような差別的な政府間の取り決めによって、沖縄県民は理不尽な状況を強いられ続けています。

また国は、世界有数の火山国であり地震国である国土の上に、一度事故を起こせば国民の生存権を根底から脅かす原発を五十余基も国策としてつくりました。

日常的にも、男女差別やいじめや、政治的地位や権力の悪用や、正規雇用者と非正規雇用者との大きな賃金格差など、日本では様々な差別や企業や集団における個人の軽視などが未だにまかり通っています。

例をあげればきりがありませんが、結婚をした際に夫婦別姓を認めないなど、明らかに男尊女卑や、結婚が家と家との縁組であるとされた過去の風習を未だに引きずっているようなことが多々見られます。

これは日本国憲法がつくられた際に、大日本帝国憲法のもとにつくられた法律を根本から見直し、日本国憲法の理念にふさわしいものへと積極的につくり変える作業を怠ったことや、大日本帝国憲法的な価値観に近い国会議員が今もなお多くいることなどに起因していると思われます。しかし、今からでも決して遅くはありませんし、というより、法の良し悪しは国民の暮らしと直結しますので、一刻も早く、あらゆる法や制度を日本国憲法に照らし合わせて見直す必要があります。その時、個人の尊重や法の下の平等という観点からだけではなく、日本国憲法の重要理念に反していることを是正することが急務の課題です。

公務員を選定し、罷免する権利

第三章の第十五条から第十七条には、公務員に関して国民が有する権利について記されています。第十五条には、「**公務員を選定し、及びこれを罷免することは、国民固有の権利である**」と述べられ、その第2項には「**すべて公務員は、全体の奉仕者であつて、一部の奉仕者ではない**」と記されています。

これは極めて重要な条項ですが、現在の日本の現実を見れば、極めて新鮮に映ります。現状では国家公務員も地方公務員も警察官も外交官も、私たちが直接選んでいるわけではありませんし、また公務員の職にある者に対して罷免を要求することもほとんどないからです。

また第2項と重ね合わせれば、公務員が、国民の全体の利益や福祉のためにではなく、首相などの政府の中枢にいるものや、特定に既得権者へ便宜を図ったりすることもしばしば起きていますから、もっと現実を、この条項に合ったものへと変える必要があり、そのための新たな法整備が必要です。

例えば全体の奉仕者であるとされる公務員を選ぶ方法や、公務員の働きを、より国民の側に立ったものにするための方法が検討されてしかるべきです。とりわけ罷免に関しては、国会の答弁などで虚偽の報告をしたり、職務が甚だしく怠慢であったり、資料を隠蔽したり、資料公開を拒んだり内容を黒く塗りつぶしたり、責任の所在が極めて曖昧であったりなど、国民を軽んじて政府に過剰に加担したり行政の事情を重視しているような場合には、国民が何らかの形でその行為を改めさせ、責を問い、当該者を罷免できるような簡単な方法や制度がつくられるべきでしょう。

第十六条では、「**何人も、損害の救済、公務員の罷免、法律、命令又は規則の制定、廃止又は改正その他の事項に関し、平穏に請願する権利を有し、何人も、かかる請願をしたためにいかなる差別待遇も受けない**」とあり、さらに第十七条では、「**何人も、公務員の不法行為により、損害を受けたときは、法律の定めるところにより、国又は公共団体に、その賠償を求めることができる**」と記されています。

つまり、公務員が一部の者の利益導入に便宜を図ったり、国民が行政の理不尽な措置によって損害を被ったり、国民の権利を脅かす悪い法律ができたり、政府や行政が憲法や法律を無視して個人の権利を侵害した場合には、それを正すことができるし、そのことによって差別をされたり、国や公務員から意地悪などをされてはならない、もしそういうことがあって損害を被った場合は、賠償を求めることができる、ということを日本国憲法は定めているわけです。

これに関しても、日本国憲法と社会の現状との間には大きな乖離があると誰もが感じるでしょう。日々の暮らしに密着した地方公務員を市民が選定することは行われていませんし、国家公務員もまた、自分たちの手の届かない場所にいるように感じます。公務員を罷免するために裁判を起こすのは大変な手続と費用と労苦が必要ですし、国に法律をつくらせたり、いったんつくられた法律を変えさせるのは容易なことではありません。

役所の文書はわかりにくく、書類を請求したり提出したりする場合にも、何かと手間がかかり、詳細を熟知しているはずの係員も積極的には手をかしてくれません。

公務員による損害を訴えたり、責任を問うたり、罷免したりするための簡単な制度がどうしてできないのかといえば、そういう制度は公務員にとって面倒なことが起きやすく、自分たちの安泰にとって不利に働きかねないからに過ぎないでしょう。なお公務員の選定の方法はいくらでも考えられます。少なくとも、公務員志望者の最終面接などを市民が何らかの形で行うことなどは、国会議員や国がやろうと思いさえすれば、すぐにでもできるでしょう。

基本的人権と奴隷的制約

第十八、十九、二十条では個々人の自由について記されています。第十八条では「**何人も、いかなる奴隷的拘束も受けない**」、「**意に反する苦役に服させられない**」とあります。奴隷的拘束や苦役が何を意味するかは、国民と国会が基本的人権に照らし合わせて考えるべきこととして具体的には記されていません。つまり憲法に全てを記載するのは不可能ですので、それに関しては国民の皆さんやその代表者の皆さんで考えてくださいということです。

しかし、この条文があえて記されていることが重要です。なぜならそれがあることで、そこから導き出し展開しうることと、拓きうる地平を望み得るからです。そこで大切なのは、憲法における全ての条文は、憲法全体の主旨や骨子と重ね合わせて考えるべきだということです。

したがって奴隷的拘束という言葉は、日本国憲法でこれまで見てきた、とりわけ前文で示された最重要事項、すなわち戦争の否定、国民主権、基本的人権、国民の福利や福祉のためにこそある国家権力、国際協和による平和の実現、一部ではなく全体の奉仕者である公務員の役割、立憲議会制民主主義などと重ね合わせて考える必要があります。

奴隷という言葉が特殊であるために、そんな状態に貶《おとし》められる人は今の日本にはいないじゃないかと思われるかもしれませんが、憲法の中の言葉の意味としては、基本的人権を侵害されるような形で、何かを命令されたり無理やり過度に働かされたり、上下関係の中で理不尽な命令を聞かざるを得ないことなども奴隷的という言葉の中には入ると考えることが可能です。重要なのはそういった解釈を、国民の諸権利や自由を擁護する観点から行うか、それを制限する観点から行うかです。もちろん日本国憲法の主旨からは擁護のためでなくてはなりません。

また第十九条には、「思想及び良心の自由は、これを侵してはならない」とあり、第二十条には、「信教の自由は、何人に対してもこれを保障する。いかなる宗教団体も、国から特権を受け、又は政治上の権力を行使してはならない」とあり、その第2項には、「何人も、宗教上の行為、祝典、儀式又は行事に参加することを強制されない」、第3項には、「国及びその機関は、宗教教育その他いかなる宗教活動もしてはならない」とあります。

つまりこれらの条項は、それぞれが連動し、かつ前文と一体となって、個々人の表現や行動の自由、思想の自由を含む基本的人権を保証するものとして存在すると考えられます。

ですから、例えば会社で過重な作業や過度な残業を強いられるのは、「**意に反する苦役**」にあたる可能性がありますし、会社や官庁などで上司や組織が不正な行為を行なっていたとき、そのことを第十二条にある通り、自らの権利を「**公共の福祉のために**」行使すべく、自らの「**良心**」に従って告発したり、外部に通報したりする行為を侵害してはならないということになります。

そのような観点から見れば、良心に基づく通告者を保護する制度や、過剰労働を禁止する法律などをより充実させていくことが国の勤めであるということになりますから、現在の制度や法律の中で見直すべきものは多々あります。

例えば正規労働者と臨時雇用者との大きな賃金格差なども、誰もが等しく有するはずの、法のもとの平等という権利と照らし合わせれば速やかに是正されるべきでしょう。

政治家の中には日本を神の国である、などと言う人もいますけれども、国民主権を無視し、神道崇拝的な儀礼を教育の場で強制することや、戦没者を神として祀る神社を偏愛する政治家が、終戦記念日などにゾロゾロと参拝する様子が報道されたりしますが、こうしたことも国政に携わるものが何を見て政治を行なうべきかという根本に関わることと思われます。

また第十八条を、徴兵制を禁止する根拠であるとする見解がありますが、日本国憲法は、そもそも戦争を放棄し軍備を禁じているのですから、徴兵制という制度などはまったくもって論外です。

自由

第二十一条では「**集会、結社及び言論、出版その他一切の表現の自由は、これを保障する**」とあり、その第2項には「**検閲は、これをしてはならない。通信の秘密は、これを侵してはならない**」と記されています。

極めて強い表現ですが、第二次世界大戦に突入していった当時の日本の状況は、これとは対極にあり、このような自由がことごとく制限され弾圧され、それもまた国民を戦争へと駆り立てた一つの要素であったことの反省に立ち、こうした自由こそが、国家権力に勝手な行動をさせないための効果的な歯止めになるということでしょう。前文でまず二度と戦争をさせないと宣言した日本国憲法にふさわしい記述です。

しかし現在日本では、安全や犯罪抑止や捜査のためと称して、これに反するような様々な法律が制定されています。通信傍受法や、テロ等準備罪、いわゆる共謀罪関連法案などはその最たるものです。

また現在政府が放送局の認可権を有していますが、これもまたこの条項とは相容れない国家権力の行使権です。良い放送局に関しては政府がそれを認可しないことはないし、良い番組に関してどうこう言うことはないというような、まるで政府性善説のような言い方は、憲法が権力を縛るものであるという根本を逸脱して、まるで政府が主権者であるかのような状況に直結する危険性を持っています。

司法や省庁の重要職などの任命権もまた極めてつよい国家権力であって、特定の政権が長く権力の座に居続けた場合には、そうした任命権や許認可権の恣意的な行使によって、社会が国家権力に都合のいい状態に次第になっていく危険性があります。そのようなことは政府から独立して行われるべきであり、そうした権限を極力縮小したり、三権を極力独立させるなどの制度改革が必要ですが、現在ではそうではない方向に急激に傾いてきています。

またこれが憲法の中の文言である限り、既に述べましたように、ここでいう「**表現の**

自由」は、日常的な次元での言葉ではなく、本章の第十二、十三条と重ね合わせれば、あくまでも、「**公共の福祉に反しない**」と同時に、「**公共の福祉のために利用する**」ために用いることができる国民一人ひとりの権利です。

つまり、国民が自由に振る舞い、自由に表現し、自由に団体をつくり出版したりするのは、法に反するなどの「**公共の福祉に反しない**」ものであると同時に、みんなの幸せに寄与し幸せを増やすためです。

ですから人を誹謗中傷して蔑めたり、特定の人に差別的な罵声を浴びせたりするようなことは、ここでいう表現の自由ではありません。そのような行為は、誰もが有している基本的人権を侵害することになるからです。つまり誰でも誰かに対して何でも言っていいわけでも、そういうことをする自由があるという意味でもないのです。

第二十二条には、「**何人も、公共の福祉に反しない限り、居住、移転及び職業選択の自由を有する**」と記されています。ここでも公共の福祉ということが繰り返されています。つまり極端な話、いわゆるヤクザが組をつくったりするのは、ヤクザは人権を度外視してむしろ公共の福祉を害する存在で、自由や表現の範囲を逸脱して憲法に反する存在ですから、組をつくったり活動したりする自由はないということになります。

また第二十三条には「**学問の自由は、これを保障する**」と記されています。もちろん保障する義務を負っているのは国家で、保障されるのは国民一人ひとりです。誰に対してどのような保障をどの程度するのかというディテールは記されていませんが、それについては国民ならびに国民の代表者が話し合って決めるということです。ただそれに関して大切なことは、既に述べましたように、あくまでも国民全体の福利や福祉を国全体で充実させていくという方向性の中で検討されなければなりません。そのためにつかわれてこその国税であり、国会の審議です。

例えば、学問をする場所が、かりに学校であるとするならば、究極的には、老いも若きも、もし学びたいと思えば自由に、つまりは学費という負担を強いられることなく、誰でも学べるという制度を、国が創りあげるという方向で検討されてこその、学問の自由の保障です。

婚姻

第二十四条では婚姻に関して、「**両性の合意のみに基いて成立し、夫婦が同等の権利**

を有することを基本として、相互の協力により、維持されなければならない」と記され、第2項で、「配偶者の選択、財産権。相続、住居の選定、離婚並びに婚姻及び家族に関するその他の事項に関しては、法律は、個人の尊厳と両性の本質的平等に立脚して、制定されなければならない」と記されています。

日本国憲法下においては、国民は基本的人権を等しく有するのですから、男女が同権であるのは当然です。ということから考えれば、結婚した場合に現在は、女性の姓が男性の姓に変わることが一般的ですが、これなどは、「**個人の尊厳と両性の本質的平等に立脚**」して法律を変えたほうが良いと思われます。

日本ではそういう習慣だとか、子供はどちらの姓を名乗るのだ、ということなど、いろいろな議論がなされればいいですけれども、例えば、生まれた時に親がつけてくれた名前を特に理由がない限りは一生使い続けることにして、婚姻した場合にも、それぞれの姓名を使い続けたところで何の支障もありません。また子供は名前の他に、姓として両親のそれぞれの姓を両方持つことにする方法もあるでしょう。外国などではそういう例はたくさんありますし、パブロ・ピカソのピカソが母親の姓であるように、戸籍上はともかく通り名としては、子供が成人したら両方の姓、あるいは片方の姓を名乗ることにしても良いでしょう。西欧などでは家族や友人たちの間では互いに名前で呼び合うことが多く、孫がおばあちゃんのことを「マリア」というような名前で呼ぶことが普通です。ともかく、このようなことは個々人の問題ですので、個々人の自由と表現を重視する日本国憲法の精神に基づけば、国家による制度的な強制は行うべきではないでしょう。

健康で文化的な生活

「すべて国民は、健康で文化的な最低限度の生活を営む権利を有する」と記された第二十五条もまた極めて重要な条項です。第2項には**「国は、すべての生活部面について、社会福祉、社会保障及び公衆衛生の向上及び増進に努めなければならない」**とあります。

まずは健康に生活する権利があるということですから、前文の**「ひとしく恐怖と欠乏から免かれ、平和のうちに生存する権利」**などと重ね合わせれば、飢えや恐怖や奴隷的な境遇や戦争などによって心身の健康を損なうようなことから免かれる基本的な権利を誰もが有し、もし健康を損なって病気になってしまった場合は、健康な状態に戻れるような手当てを受ける権利を有しているということになります。

それには主に二つの意味があります。すなわち健康を損なわない程度の衣食住を有して生活をする権利と、病気になったら治療をしてもらう権利、つまり医療費などの保障です。

また「**文化的な生活を営む権利**」というのは、衣食住が最低限満たされた健康な状態であったとしても、日本国の国民としてはそれでいいというわけではなく、最低限の文化的な生活ができなければ不十分だということです。

少なくとも、「**すべての生活部面**」において、健康で文化的な成果を享受することができること、本を読んだりテレビを見たり映画やビデオを楽しんだり学んだり、仲間と一緒に発言したりといったことを自由に行う権利があるというわけです。

何度も述べるように、憲法をもとに法律をつくる場合、それは国民の福利や福祉や自由や権利を確保するために行うのですから、健康の程度や享受する文化の程度や範囲は高ければ高いほどよく、国家運営者は「**全体の奉仕者**」として、そうなることを目指し、福祉経費の削減ばかり考えずに、常にそれを「**向上及び増進**」すべく工夫し努力すべきだということです。

したがってそれを発展させれば、例えば学費や医療費ばかりではなく、幼児保育や老人介護なども、当然、国の保障において行うべきだということになります。人として生きていく上での不安の最たるものは、子育てと老後と健康であり、それらに不安がなければどんなに安心して日々を送れることでしょうか。

また人としての大きな喜びは、趣味にせよなんにせよ、自分の心を満たしてくれるような文化を楽しみ、自分が美しいと感じるものやことを行い、自由にものを言って、心をかよわせ合える仲間を持つことですから、それを気兼ねなくあるいは存分に行うことができれば、この上なく活きいきと生きられるでしょう。日本国憲法はそのような国を実現するための指針です。前文のところで述べたベーシックインカムの導入や、文化的施設の充実や活動の促進なども、この権利の延長線上に自ずと浮かび上がってくるでしょう。

教育を受ける権利

第二十六条は教育に関する条項です。第二十六条ではまず「すべて国民は、法律の定めるところにより、その能力に応じて、ひとしく教育を受ける権利を有する」とあり、第2項には「すべて国民は、法律の定めるところにより、その保護する子女に普通教育を受けさせる義務を負ふ。義務教育は、これを無償とする」とあります。

これは極めて具体的です。そのような法律を国は定めよ、そして法律が保証するのだから、親は子が、この社会で生きていくに必要なことを学ぶ機会をちゃんと与えよ、と言っているわけです。

三章に記載された内容と前文を重ね合わせれば、論理の当然の帰結であるとはいえ、教育に関して極めて具体的に述べているところは、人権と文化を重視する日本国憲法の面目が躍如《やくじょ》としています。

「**その能力に応じて**」とありますから、これは、勉強やスポーツなどが得意な子はその子なりに、また心身の活動能力や理解力や表現力などに乏しい子や、何らかの理由でハンディキャップを負った子には、その子にふさわしい教育を国は与えよ、そのための法律を整備せよ、と言っていることになります。

また教育というのは、教え育むということですから、何も勉強だけには限りません。その子が有している条件に応じた教育を行うことであり、能力に応じて教育しろと言っているわけです。そのような考えに基づくならば当然、多様で多彩な教育の場をつくり得ます。

また「**普通教育**」とは何かということですけれども、社会の状況に応じて必要な教育のありようは常に変化しますから、それに関しては、何が普通かをその時代の社会状況に合わせて考えよと言っていて、非常に賢明な表現です。

つまりそこで普通と考える範囲が義務教育の範囲です。それを国が法律によって保障するから、親はその教育を受けさせる義務を負うということです。もちろん今日のような社会においては、大学や専門学校や様々な技術習得学校や多様な特殊学校を国が保障する義務教育の範囲に入れることが可能な表現になっています。

教育費や医療費や幼児保育や介護などの費用は、日本のように経済力がある国においては、財政を健全化して国債の利払いをなくし、過剰な国家運営機構を最小限度に縮小し、税制を経済的、地位的強者や大企業優遇ではなく国民優遇の制度に改めるなどすれば、捻出できないはずがありません。

勤労権

日本国憲法では、国民が働くことに関する大枠も記しています。第二十七条には、「すべて国民は、勤労の権利を有し、義務を負ふ」とあり、その2項には「賃金、就業時間、休息その他の勤労条件に関する基準は、法律でこれを定める」、また3項には、「児童は、

これを酷使してはならない」とあります。

つまり働くことは権利であると同時に義務でもあると述べています。これには二つの意味があります。一つは国民国家は国民と国とが一体となって国を運営する仕組であり、国の運営に関わる費用は税金でまかなわれますから、突き詰めれば、国民は働く権利を持つと同時に、そこで得た利益に応じたお金を、税金という形で支払う契約をしているようなものだからです。

もう一つは、働く権利を持つ国民が雇用契約関係がある中において働いた場合、それは労働の対価として賃金をもらうという契約関係なので、賃金をもらうと同時に働かなくてはなりませんということを念押ししているわけです。

それ以外のことに関しては、憲法の前文や、第三章で述べられることを逸脱しないように、国民とその代表者が法律で決めた基準に従って、雇用関係を結んでくださいということです。

繰り返しになりますが、憲法に書き記されていることは、それぞれの条項を個別に論じては意味がなく、あくまでも全体の整合性の中で語られなければなりません。そういう基本がありますので、ここではこのような表現になっていますが、当然のことながら、日本国憲法が重視する基本的人権や表現の自由などを侵害しないことが前提です。

3項でわざわざ児童を酷使するなと記されているのは、これまでのところ日本国憲法の中で児童の働きに関して記された部分がないため、あえて念を押していると考えられます。

また第二十八条には、「**勤労者の団結する権利及び団体交渉その他の団体行動をする権利は、これを保障する**」とあります。これは、上記の雇用契約の中で働く勤労者と雇用者の、勤労条件や対価に対する双方の見解が異なる場合、つまり勤労者が契約条件を越えて過剰な労働を強いられていると判断したり、その対価が労働に見合わない金額でしかないと勤労者が判断したり、休息等の条件が極めて悪かったりした場合などには、勤労者は団結して団体で交渉し、あるいはストライキなどの行動を取っても良いということです。ここでも基本的人権や学ぶ権利や奴隷的拘束を排除する条項などが重要な基準になります。

財産権

第二十九条は財産権のことが、「**財産権は、これを侵してはならない**」と記されています。財産権は一般的には経済的価値を持つ不動産や債権など、さらには著作権やブランドに付随する社会的信用など、金銭的な価値に換算しうる諸権利のことをいいます。それを侵してはならないということですから、これは何人も、という意味に取れます。

ただし具体的に財産権が何を意味するかは、第2項で、「**財産権の内容は、公共の福祉に適合するやうに、法律でこれを定める**」とありますから、何が貨幣価値を産むかはその時々の社会状況によって変わるということを踏まえて、それに合わせて法律をつくりましょうということです。

第3項では、「**私有財産は、正当な補償の下に、これを公共のために用ひることができる**」というふうに、個々人が持つ財産に言及していますが、もし私的財産を不可侵とすると、例えば都市計画で公園や学校をつくろうとし、その計画地の中に私有地があった場合は、所有者が反対すれば計画の実行が不可能になりますから、あえて記された文言であり、本章の冒頭の第十二、十三条と呼応するものです。

刑罰や裁判にまつわる権利

第三十一条以降から、第三章の最後に当たる四十条までは、国民が受ける刑罰や裁判や捜査、そこにおける個々人の権利などについて記載されています。第三十一条では、**「何人も、法律の定める手続によらなければ、その生命若しくは自由を奪はれ、又はその他の刑罰を科せられない」**とあり、法律が定める手順を踏まなければ、いきなり暗殺されたり拘束されたり刑罰を受けたりはしないと述べられ、その手順を踏んで拘束されたり罪を問われたりした場合でも、第三十二条に、**「何人も、裁判所において裁判を受ける権利を奪はれない」**とありますから、罪を問われた場合には、その是非の判定を裁判において行うことになり、そこで罪があると裁定された場合には罰を受ける義務を負うことになります。

第三十三条から三十五条までは、上記の手続きがどのようなものでなければならないかが記されています。すなわち**「何人も、現行犯として逮捕される場合を除いては、権限を有する司法官憲が発し、且つ理由となつている犯罪を明示する令状によらなければ、逮捕されない**（第三十三条）**」**、**「何人も、理由を直ちに告げられ、且つ、直ちに弁護人に依頼する権利を与へられなければ、抑留又は拘禁されない。又、何人も、正当な理由が**

なければ、拘禁されず、要求があれば、その理由は、直ちに本人及びその弁護人の出席する公開の法廷で示されなければならない（三十四条）」、「何人も、その住居、書類及び所持品について、侵入、捜索及び押収を受けることのない権利は、第三十三条の場合を除いては、正当な理由に基いて発せられ、且つ捜索する場所及び押収する物を明示する令状がなければ、侵されない（三十五条）」、「捜索又は押収は、権限を有する司法官憲が発する各別の令状により、これを行ふ（第2項）」、「公務員による拷問及び残虐な刑罰は、絶対にこれを禁ずる（第三十六条）」、「すべて刑事事件においては、被告人は、公平な裁判所の迅速な公開裁判を受ける権利を有する（第三十七条）」、「刑事被告人は、すべての証人に対して審問する機会を充分に与へられ、又、公費で自己のために強制的手続により証人を求める権利を有する（第2項）」、「刑事被告人は、いかなる場合にも、資格を有する弁護人を依頼することができる。被告人が自らこれを依頼することができないときは、国でこれを附する（第3項）」、「何人も、自己に不利益な供述を強要されない（第三十八条）」「強制、拷問若しくは脅迫による自白又は不当に長く抑留若しくは拘禁された後の自白は、これを証拠とすることができない（第2項）」、「何人も、自己に不利益な唯一の証拠が本人の自白である場合には、有罪とされ、又は刑罰を科せられない（第3項）」、「何人も、実行の時に適法であつた行為又は既に無罪とされた行為については、刑事上の責任を問はれない。又、同一の犯罪について、重ねて刑事上の責任を問はれない（第三十九条）」、「何人も、抑留又は拘禁された後、無罪の裁判を受けたときは、法律の定めるところにより、国にその補償を求めることができる（第四十条）」とあります。

長々と引用したのは、こうしたことにまつわる日本の現実が、日本国憲法を正しく遵守しているだろうかということを、皆さんに考えてもらいたかったからです。

例えば逮捕したり拘束したり拘禁したりすることは、現行犯以外は、ちゃんとした手続きが必要であり、それがあった場合でも、弁護人に依頼する権利や保釈を要請する権利を持ち、本人が望めば、拘禁の理由を公開の法廷において示し、裁判は迅速になされなければならないと記されているわけです。

しかし実際には、こうしたことは逮捕権を持つ側の現場での状況判断に左右されることが多く、また犯罪を明示する令状に記される内容などに官憲の意図や感情や作為が入り込む余地が大きく、例えばデモなどをしていて、警察官や機動隊のちょっとした指図に従わなかっただけでも公務執行妨害ということで現行犯逮捕されることが現実的にはあったりします。

また現在日本には、拘禁する場所として、警察署内の留置所と、送検されてから入る検察庁内の拘置所と、裁判で刑が確定されたのちに罪を償う場所としての刑務所がありますが、現実的で深刻な問題点として、送検する前にかりに身柄を拘禁する場所である留置所の環境が一般的に劣悪で、また逮捕されたとしても、送検され、さらに起訴されて拘置所に送られた場合、裁判で有罪になるまでは被拘禁人が罪を犯したかどうかはわからないわけですけれども、基本的には起訴されずに解放されるか、無罪判決が確定するまでは、ほぼ犯罪者同様の扱いをされるのが現実です。

本来であればすぐに送検手続をして留置所から拘置所に移されるべき人が、留置所にとどめ置かれたり、起訴されてもなかなか裁判が行われないことがしばしばあります。日本の場合、裁判自体が一般的に非常に長く時間がかかるので、有罪か無罪か未決定の間も、現実的には拘禁されて罰を与えられているのと同じ状態が長く続くことが多いことは極めて大きな問題です。

この期間に、拘禁の苦しさに耐えかねて虚偽の自白をして、本当は無実でありながら有罪とされてきた例が多くあります。あるいは虚偽の証拠によって有罪とされてきた例も多々ありますから、逮捕や拘禁の理由の明示化、拘禁の期間、裁判のスピード化とそのプロセスの明示化や透明性の確保などなど、制度的にも現実的にも多くの課題があります。

日本では逮捕され送検される時点でテレビ報道が盛んにされたりしますけれども、警察に捕まるからには悪い人に違いない、というような前提で人を見るのではなく、あくまでも、すべての人は基本的人権を有しており、それはどのような状態であっても侵害されてはならないという基本を見失ってはなりません。また「**残虐な刑罰は、絶対にこれを禁ずる**」と記されているのですから、憲法に基づく限り、日本は死刑制度を廃止すべきであると思われます。

現在日本には、いわゆる共謀法と秘密保護法と通信傍受法といった法律がありますけれども、このような前時代的で独裁的な法律が国家権力によって併用、悪用された場合には、国民の誰もが被疑者とみなされ、被告人は理由を明示されることすらなく拘禁され、不可視、あるいは政府や官憲サイドの恣意的な根拠によって有罪とされる危険性がありますので、これらに関しては違憲として廃絶し、改めて、日本国憲法に基づき、より国民の自由や基本的人権や福利に立脚し、一人ひとりの国民を国が疑うことから始めるのではなく、公共の福祉、すなわちみんなの幸せを求める人々の良心に立脚した観点から、制度や習慣や組織を根本から再構築する必要があると思われます。

国政の具体的なありよう（第四～八章）第四十一～九十五条

国会（第四章）

日本国憲法では第四章から第九章において、国会、内閣、司法、財政、地方自治、憲法改正などの、国政を行う諸機関や組織などの具体的なありようを記していますが、近代国家の基本形に準じていますし、日本国憲法の重要事項や理念や特徴は主に前文から第三章までで述べられていますので、四章から九章に関しては、簡単に触れるにとどめます。

まず第四章の国会について記した章では、「国会は、国権の最高機関であつて、国の唯一の立法機関である（第四十一条）」、「国会は、衆議院及び参議院の両議院でこれを構成する（第四十二条）」、「両議院は、全国民を代表する選挙された議員でこれを組織する（第四十三条）」、「衆議員の任期は、四年とする。但し、衆議院解散の場合には、その期間満了前に終了する（第四十五条）」、「参議院の任期は、六年とし、三年ごとに議員の半数を改選する（第四十六条）」、「国会の常会は、毎年一回これを召集する（第五十二条）」など、国会という機関を構成する大枠が記されていますが、定数や、議員や選挙人の資格や、選挙区や投票の方法や立法府である両院の働きなどについては、法律で定めることになっていますから、衆議院や参議院のありようや、選挙区や議員の選出のありように関しては現在とは異なる様々なありようが考えられます。

例えば、両院のありようを衆議院と参議院で大きく分け、両院で全く異なる観点から法律の制定や予算などに関して議論されるような仕組をつくることは可能です。

注目すべきは、第四十三条で、選出された議員は全国民を代表する存在であると明記してあることとです。これは第三章に、「公務員は全体の奉仕者であって、一部の奉仕者ではない」と記されていることと重なり合っていて、国家運営に関わる国会議員であればなおさら当然のことですけれども、現状では、一部の既得利権者や、特定の地域や、所属する党派のことばかり考えているのではないかと思われるような議員の言動が多く、これは制度設計の不備、あるいは意図的に偏りをもたせた制度設計からくるものと考えられますので、選挙の方法や選挙区の設定などを含め、あくまでも国民の福利の向上のための制度設計とそれに基づく再構築が求められます。

第四章では解散や国会の開会などについてもかなり具体的に、「衆議院が解散されたときは、解散の日から四十日以内に、衆議院議員の総選挙を行ひ、その選挙の日から三十日以内に、国会を召集しなければならない（第五十四条）」、「両議院は、各々その総議員の三分の一以上の出席がなければ、議事を開き議決することができない（第五十六条）」「両議院の議事は、この憲法に特別の定のある場合を除いては、出席議員の過半数でこれを決し、可否同数のときは、議長の決するところによる（第2項）」、「法律案は、この憲法に特別の定のある場合を除いては、両議院で可決したとき法律となる（第五十九条）」、「衆議院で可決し、参議院でこれと異なつた議決をした法律案は、衆議院で出席議員の三分の二以上の多数で再び可決したときは、法律となる（第2項）」、「内閣総理大臣その他の国務大臣は、両議院の一に議席を有すると有しないとにかかはらず、何時でも議案について発言するため議院に出席することができる。又、答弁又は説明のため出席を求められたときは、出席しなければならない（第六十三条）」などと記されています。

注目すべきは、第五十六条第2項、第五十九条に、この憲法に特別の定のある場合を除いては、とあることです。これはつまり、前文から第三章で定められている様々な条項に反する場合は、たとえ国会の多数決による議決であっても、法律化されないということです。つまりこの文言を当てはめれば、いわゆる安保法制などは、日本国憲法の「定め」に反していますので、議決も法律化も、どちらも無効だということになります。

また第六十三条で、答弁や説明のために出席を求められたときは出席しなければならない、とあります。現在の国会では、首相などが出席しないことがしばしばありますけれども、これはこの条項に違反する行為です。

ちなみに自民党草案ではこの条項に該当する部分に「**ただし、職務の遂行上特に必要がある場合は、この限りではない**」という文言を付け加えて、出席しなくても良いとする抜け道をあえて付け足しているのは、総理大臣や大臣が、都合の悪い答弁から逃れられるようにするためなのでしょうか。

内閣（第五章）

第五章は内閣について記載されています。大枠としては、「**行政権は、内閣に属する**

（第六十五条）」、**「内閣は、法律の定めるところにより、その首長たる内閣総理大臣及びその他の国務大臣でこれを組織する**（第六十六条）」、**「内閣は、行政権の行使について、国会に対し連帯して責任を負ふ**（第3項）」、**「内閣は、衆議院で不信任の決議案を可決し、又は信任の決議案を否決したときは、十日以内に衆議院が解散されない限り、総辞職をしなければならない**（第六十九条）」などがあります。

第六十九条は、国会が内閣を否認したときには、その決議を受けて解散をするか総辞職をしなければならないということであって、これはあくまでも内閣の権利ではなく義務です。日本の国会では、解散は首相の専権事項という言い方で、しばしば首相が恣意的な解散をしますが、これは第七条の、天皇が行う国事に関する記載の中に、**「衆議院を解散すること」**とあり、それを天皇は内閣の助言と承認により行う、とあることを曲解して、あたかも首相に解散権があるかのように、与党の都合のいいように解釈して利用してきただけで、日本国憲法下では首相に解散をする権限などありません。

たとえ内閣の助言と承認を受けてであっても、解散を宣言するのは天皇であり、それはあくまでも総選挙の際や、内閣が国会で否認された際に内閣が、私たちは国民の代表者による国会で内閣にはふさわしくないと否定されたので、解散させていただきますと天皇に伝え、それを国民の総意の象徴である天皇が、そうすることが国民の総意であるとして天皇が解散するわけです。それをあたかも首相が、国民や国会や天皇を差し置いて好き勝手に解散できる権限を持つなどと解釈するのは、極めて傲慢で横暴な曲解にすぎません。

首相や内閣がこうした身勝手な解釈や、国民の象徴である天皇をないがしろにして利用するようなことを防ぐためにも、先に天皇のところで述べましたけれども、国民象徴会議のような仕組を設けて、何らかのかたちで、首相の個人的な意向や党利党略によって国会を解散するようなことができないようにすることが重要です。

司法（第六章）

第六章は司法に関する記述です。大枠としては「すべて司法権は、最高裁判所及び法律の定めるところにより設置する下級裁判所に属する（第七十六条）」、「特別裁判所は、これを設置することができない。行政機関は、終審として裁判を行ふことができない（第2項）」、「すべて裁判官は、その良心に従ひ独立してその職権を行ひ、この憲法及び法律にのみ拘束される（第3項）」、「検察官は、最高裁判所の定める規則に従はなければならない（第七十七条第2項）」、「裁判官は、裁判により、心身の故障のために職務を執ることができないと決定された場合を除いては、公の弾劾によらなければ罷免されない。裁判官の懲戒処分は、行政機関がこれを行ふことはできない（第七十八条）」、「下級裁判所の裁判官は、最高裁判所の指名した者の名簿によつて、内閣でこれを任命する（第八十条）」、「最高裁判所は、一切の法律、命令、規則又は処分が憲法に適合するかしないかを決定する権限を有する終審裁判所である（第八十一条）」、「裁判の対審及び判決は、公開法廷でこれを行ふ（第八十二条）」などに示されています。

国会が唯一の立法機関であると定められているように、日本国憲法は、司法権が、ここに記載されている裁判所に属すると述べていて、立法、司法、並びに内閣が行政権を有する行政機構の三権に、国権が分けられています。

しかし天皇の章で述べたように、三権分立は、議会制民主主義制度を続けるうちに、とりわけ立法府における多数を同じ党派が占め続ければ、自ずと行政府の長もその党派の者が務めるため、二権が一体化してしまう危険性を持っています。つまり法律や法令や行政機構やそこでの働きの多くが、その党派の有利なように傾きがちになります。それに歯止めをかけるのは司法ですが、しかし現在の日本の司法制度では、提訴されなければ、裁判所が自ら第八十一条に記載されている、一切の法律、命令、規則又は処分が憲法に適合するかしないかを裁定することができませんので、何らかの仕組を設けて、違憲性を問いやすくし、それに対する判断を司法が積極的に行えるようにすることが、政府や立法府の国民を軽視する行動や独断や暴走を防ぐためには必要です。先の戦争に対する反省の意が強く現れている日本国憲法の精神に基づけばそうなります。既に述べた国民象徴会議や、独立した提言機関がその役目を担うことも考えられます。

またそれだけではなく、国民による監視という観点から、どのようなことが裁かれ、それがどのような経過をたどって、どのような結果になったか、ならびに、検察などがどのような理由で犯罪を立件し、どのような証拠や証言を裁判所がどのように判断したかを国民が広く知ることは極めて重要です。裁判の経緯を積極的に開示し、わかりやすく告知し、国民がそれを議論する場を広く設けることも、個々人の権利と平等な社会を重視する日本国憲法に基づいた民主主義的な社会を構築するために重要です。

財政（第七章）

第七章では財政に関して述べられていて、「国の財政を処理する権限は、国会の議決に基いて、これを行使しなければならない（第八十三条）」、「あらたに租税を課し、又は現行の租税を変更するには、法律又は法律の定める条件によることを必要とする（第八十四条）」、「国費を支出し、又は国が債務を負担するには、国会の議決に基くことを必要とする（第八十五条）」、「内閣は、毎会計年度の予算を作成し、国会に提出して、その審議を受け議決を経なければならない（第八十六条）」、「予見し難い予算の不足に充てるため、国会の議決に基いて予備費を設け、内閣の責任でこれを支出することができる（第八十七条）」、「すべて予備費の支出については、内閣は、事後に国会の承諾を得なければならない（第2項）」、「国の収入支出の決算は、すべて毎年会計検査院がこれを検査し、内閣は、次の年度に、その検査報告とともに、これを国会に提出しなければならない（第九十条）」、などの記述があります。

ここで重要なのは、予備費という予算があり、それに関しては国会の審議と議決を経なければならないと記され、さらに、その支出に関しては内閣の責任において行い、事後それに関する国会の承諾を得なければならないとされていることです。

両院の議席数が与野党で均衡している場合はともかく、もし政府与党が両院の議席数の過半数をはるかに越えていて、そのような状態が長く続けば、事後の承認は簡単になされることになり、与野党がそれに慣れてしまいますから、事後の承諾もおざなりになり、内閣は予備費の支出に関して自ずと無神経になりがちです。

国家予算に関しては国会の議決の前に相応の審議がされますけれども、いったん予備費という枠の中に入れられた税金の支出に関しては、野党や国民の注目度も、どうしても低くなりがちです。しかしどんな国家予算もすべて税金ですから、全ては国民に広く、わかりやすい形で告知することが必要です。

また近年首相などが、外国の指導者などと会談をした際などに、資金援助の約束などをしたという報道がしばしばされますけれども、第七章の冒頭の第八十三条には、財政処理は国会の議決に基づいて行うとありますから、そのようなことがちゃんとなされているかについても、国民や議員や報道メディアは、内閣の言動を常に注視し、それはどういう理由で、どのような予算として行うつもりなのかということなどに関する説明を求める必要があります。

さらには日本には現在、本来は単一予算とすべき国家予算が、「一般会計」と「特別会計」の二つに分かれていて、しかも「特別会計」が「一般会計」の数倍あるという、世界的には極めて特殊な、不可解な税の徴収と予算配分の仕組がまかり通っています。これは一刻も早く、「国家運営予算」として一本化すべきです。

それというのも、第八十五条、八十六条に定められているように、国民の税金を支出するには、国会の審議と議決を必要としますが、しかし、目的を限定して収税する「特別会計」は、その目的で税金を集め、その目的のために使うという建前になっているために、それに関してはすでに了解がなされているとして、国会の審議がほとんど行われずに内閣や省庁がその使途を決め、しかも様々な独立行政法人や特殊法人などに支出された税金の、その先の使われ方に関しては、ほとんどブラックボックス状態になっていて、どこにどれだけの税金が何のために使われたかが、ほとんど見えない状態になっています。

当然のことながら、世の中の多くのことがお金を巡って行われますから、多額の税金を毎年徴収し、それを特定の省庁や政府が、国会の審議を通して国民に広く知らしめることもなく配分するとなれば、その巨大な財源と裁量権を巡って、そこに癒着や無駄遣いが生じやすくなるのは当然です。

また地方交付税なども、自ずと中央集権を強化し地方の政権追随につながります。何れにしても国家予算とその支出に関しては、国家の営みの根幹をなす最重要事項であり、最大の国家権力の行使ですから、最大限の透明度が必要であり、またそれを主権者である国民がわかりやすく知ることができ、そのことについて広く話し合えるような場が必要であり、それを促進する制度や仕組が必要です。

近代国家の呪縛からの脱却

なお、予算配分については、憲法には特に明確な規定はありません。近代国家は、国家間で軍事力を含めた国力を競い合ってきた歴史がありますから、多くの制度や仕組が中央集権的になっています。というより、産業化という産業、経済構造の大きな転換に対応するために、同じような言語や文化風土を持つ小国家や地域社会が一緒になって、共通のルールのもとに中央集権的な国家を構築しようということで近代国家が成立したのですから、近代国家が中央集権的であるのは当然です。

しかし天皇の章でも述べましたけれども、近代国家が誕生し始めた二百年前と今日では産業構造も経済構造も社会状況も全く変わっていますから、国家の形のすべてにおいて抜本的な再構築が求められます。今や企業の舞台は世界ですし、情報は瞬時に地球を駆け、人も物も世界中を行き交います。

金融資本主義の猛威によって富は遍在化して大規模な飢餓や貧困をつくりだし、軍事産業を国の産業構造の中に強固に組み込んでしまった大国が引き起こす局地戦争が地球上のあらゆる人々に不安と恐怖と不幸をもたらします。

日本は幸いにも極めて民主的で平和的な憲法を有しているのですから、それに基づいて、また工芸やＡＩやロボットなどを含めた繊細な技術力や応用力を持ち、自然や食や空間を豊かに育んできた文化風土を持っているのですから、そうした力をうまく活用して、地域格差や収入格差や身分格差など、さまざまな格差の少ない、自然と文化とを調和させた人間らしい暮らしができる幸せな社会を、世界に先駆けて目指すべきです。

具体的には、税金を中央に集めてそれを配分するような、税制や財政や行政機構などを含めた中央集権的なあらゆる近代的な国家機構を再編成し、公共事業や国債による借金財政や、それをインフレで軽減させるような、目くらましのような財政から一刻も早く脱却して、持続的で多様な地域文化や個々人が自らの特徴をより豊かに活かせるような国を目指すべきでしょう。

もはや国と国とが軍事力を競い合い、ＧＤＰに換算された経済力を偏重し、成長、拡大に血道をあげる時代、つまり近代国家の繁栄幻想はすでに終わっているのです。

地方自治（第八章）

第八章は地方自治について記載されています。すなわち、「地方公共団体の組織及び運営に関する事項は、地方自治の本旨に基いて、法律でこれを定める（第九十二条）」、「地方公共団体には、法律の定めるところにより、その議事機関として議会を設置する（第九十三条）」、「地方公共団体の長、その議会の議員及び法律の定めるその他の吏員は、その地方公共団体の住民が、直接これを選挙する（第2項）」、「地方公共団体は、その財産を管理し、事務を処理し、（中略）法律の範囲内で条例を制定することができる（第九十四条）」、「一の地方公共団体のみに適用される特別法は、法律の定めるところにより、その地方公共団体の住民の投票においてその過半数の同意を得なければ、国会は、これを制定することができない（第九十五条）」と記されているのみです。

これを見れば、それぞれの県や市や町に、当たり前のように存在する市長や県知事や町長や町会議員などが、日本国憲法に基づいて存在していることに改めて気づかされますが、重要なのは、それ以外の細かな規定がないことです。しかもそれぞれが行政執行権や、条例を制定する権利を有していますし、かりに国が特定の市町村や県を対象にした法律をつくろうとしても、それに対して住民の過半数の合意がなければ、その法律を制定できないことになっています。

これは、国はすべての県や市町村に対して平等の扱いをするようにしなければならず、何らかの事情で特別な法律が必要になった場合にも、住民の意思を問わなければならないとしていますので、非常に強い地方自治重視といえます。

現在地方は多くを中央政府に依存していますけれども、それは近代国家の仕組の中における中央集権をよしとする価値観、国家観や仕組によってつくられた一種の習慣に過ぎません。

せっかく日本国憲法が個々人の自由や人権を強く擁護し、地方自治に関してもその裁量権を大きく認めているのですから、そのことをより前面に押し出して、自分たちを縛る法律や仕組や慣習や税金や行政上の指示の流れなどを、国家にとって都合がいいようにではなく、一人ひとりの国民が暮らす地域の都合や願いや文化や特徴を活かすことを優先して、すなわち自らが生きる場所をより快適で幸せな場所にするために、国家と地域との関係や、それにまつわる制度や仕組の総体を、再構築すべく力を合わせるべきであると思われます。

それぞれの地域が、自らの環境や歴史や文化や未来観を背景にそれぞれの地域運営ヴィジョンを唱え、全国一律を目指した近代国家の限界を超えて、多様な魅力を競い合うことこそが、これからの時代の地域社会運営の大きな課題です。

日本国憲法の重要事項の確認（第九〜十章）第九十六〜九十九条

憲法改正（第九章）

日本国憲法第九章は憲法の改正に関して、「この憲法の改正は、各議院の総議員の三分の二以上の賛成で、国会が、これを発議し、国民に提案してその承認を経なければならない。この承認には、特別の国民投票又は国会の定める選挙の際行はれる投票において、その過半数の賛成を必要とする（第九十六条）」、「憲法改正について前項の承認を経たときは、天皇は、国民の名で、この憲法と一体を成すものとして、直ちにこれを公布する（第2項）」と記されています。

国民一人ひとりの基本的人権や自由や平和な日々の生活を最重視する日本国憲法によって、かつて強引に国民を巻き込んで戦争に突っ走ったり、原爆を落とされるという悲惨を被るまで負け戦を止めようとしなかった国家権力の横暴や愚かな権力行使から護られている一人の国民の立場からすれば、この憲法を改めるためのハードルは、高ければ高いほど好ましく思われます。ところが自民党草案では、改正の発議が、「**両議院のそれぞれの総議員の過半数の賛成**」でできると書き替えられています。

しかしそれでは憲法の重みが他の一般的な法律と変わらなくなってしまいます。憲法はあくまで国民を護るものであり、国家権力の独善的な権力行使を防ぐためにあるものですから、改正に関しては他の法案などよりハードルが高いのは当然であり、それを、絶対多数議席を占めている与党が、あえて低くしようというのは、自分たちの好きなように国と国民を無視して変えようとしていると言われても仕方がありません。

国民の暮らしにとって明らかに誰もが良いと思える、国民の総意であるような改正案であれば、三分の二以上であろうが、四分の三以上であろうが、党派や主義の違いをこえて国会での賛成を得ることはできるはずですから、何も過半数などという条件にあらためる必要はありません。

にもかかわらず、自民党草案が発議の条件を過半数にしようとしているということは、自民党が変えたいと思っていることがらに、国民の中にも、また両議院の中にも、強い反対意見があることが予想されるために、自らがよしとする改正案を、たとえ総議員の半数近い反対があってもなお、強引に通すことができるようにしたいと考えていることが明らかです。これは国民を軽視している証しです。

　日本国憲法の場合は、第九十六条における国民の過半数という記述を有権者の過半数と読み取り、そのように国民投票を行うことは可能です。ところが自民党草案では、「**有効投票の過半数の賛成**」と書き替えられています。これでは、例えば、どんなに投票率が低くても、また何らかの理由によって無効票が多く出たとしても、有効とみなされる票の過半数を越えれば憲法を改正できることになります。一見、それほど違わないように見えますけれども、実は極めて大きな違いです。

　つまり、現行憲法は、憲法改正が容易にはできないような方向を向いているのに対し、自民党草案は改正をしやすくする方向に傾いていますから、両者は立ち位置と向いている方向が逆だということになります。

　また現行憲法の第九十六条の第2項では、改正案が国民投票によって国民の承認を得た場合に、「**天皇は、国民の名で、この憲法と一体を成すものとして、直ちにこれを公布する**」となっていますけれども、自民党草案では「**天皇は、直ちに憲法改正を公布**

する」となっています。

つまり自民党は日本国憲法から、「**国民の名で**」という表現と「**この憲法と一体を成すものとして**」という表現を削除しようとしていて、あえて削除しようというのですから、当然のことながらそこには、それなりの意図が背景にあると読み取れます。

日本国憲法は国の主権者である国民が自らのために制定したものですから、その改正もまた国民の象徴である天皇が「**国民の名で**」、という表現になっているわけですけれども、しかし自民党草案では、明治時代の大日本帝国憲法と同じように、天皇を元首として国家権力と一体化した存在としていますから、改められた条項を公布するのは、国民ではなく国家だということになります。つまり主権者としての国民の姿が消えてしまい、近代国家の基本である、国民主権国家ではなくなってしまいます。

また日本国憲法で「**この憲法と一体を成すものとして**」とある文言が自民党草案から削除されていることも、実は極めて重大です。つまり現行憲法では、この憲法のどこかの条項やその中の文言の一部の改正が、国民投票による正当な手続きを経て、公式に認められた場合でもなお、変更された内容は、この憲法の他の条項と、整合性を持って一体をなすものでなければならないと明記しています。

その文言が自民党草案で削除されているということは、逆にいえば、そのような文言があっては都合が悪いと自民党が考えているということになります。つまり、これまで日本政府はしばしば、憲法の一部の条項を、憲法全体の主旨や全体の脈絡と切り離して恣意的に解釈してきました。マスメディアなどがそのことをこれまでどうして強く問題にしてこなかったのかは不思議ですが、「**この憲法と一体を成すものとして**」という表現がなくなれば、そういうことが公然と行われるようになるばかりか、変更された条項が、かりに憲法全体の脈略や整合性や論理性や主旨や理念を無視していたり、日本国憲法全体の精神と矛盾していたとしても、それとは切り離してその条項の内容を、社会化、実体化してしまう危険性があります。

日本国憲法が交付され施行されてから長い年月が過ぎましたけれども、この間、日本の政治においては特定の政党が長く政権を取るということが続いてきた弊害の一つとして、しばしば内閣や国会が、自らの意向に合わせて憲法の文言を憲法の全体とは切り離して部分的に、あるいは恣意的に解釈し、それを前提とした見解や法律をつくり、それに基づいて物事を進め、それを前例として積み重ねて、なし崩し的に憲法の文言や全体の主旨から離れた現実や実態をつくりだすということが行われてきました。

これはある意味では日本的な手法かもしれませんが、しかし政治が何のために誰のためにあるのかということや、憲法とは何かということの基本にたちかえれば、そのような姑息な手法は取るべきではありません。立憲議会制民主主義という制度の中で、解釈をめぐっての議論が立ち返るべきは憲法であり、そこに謳われた主権在民や基本的人権などの日本国憲法が全体として描き出している価値観や内容との整合性であって、恣意的につくりだされた前例などではありません。つまり日本国憲法の第九章に「**この憲法と一体をなすものとして**」という表現があるのは、そのような、部分的な前例を積み重ねて、なし崩し的に憲法を破壊し、いつのまにか社会の現実を変えてしまうという危険性を防ぐためです。

　自民党草案では、日本国憲法を、国民が何のために何を目的としてつくったのかということを記した「前文」の全面的な変更や、「第九条」の全否定。個々人の基本的人権の軽視。また「公益や公の秩序」といった、現行憲法とは表現主体や立ち位置や目的や姿勢などが全く異なる内容が、いたるところにありますから、そのような何かを現行憲法に書き加えた途端、「**この憲法と一体を成すものとして**」という一文がある限り、その条項は、現行憲法との整合性がとれなくなってしまいます。

　しかも自民党草案では日本国憲法にはない、「第九章、**緊急事態**」があり、「**外部からの武力攻撃、内乱等による社会秩序の混乱、地震等による大規模な自然災害**」の際に、内閣総理大臣が、「**緊急事態の宣言を発することができる**」とあります。その場合、「内**閣は法律と同一の効力を有する政令を制定することができるほか、内閣総理大臣は財政上必要な支出その他の処分を行い、地方自治体の長に対して必要な指示をすることができる**」とあります。

これは第二次世界大戦時にナチスドイツが、人権を重視する極めて民主主義的な憲法であった「ワイマール憲法」を、ヒトラーが無力化して独裁化した「全権委任法」と同じように、憲法を無力化し、内閣総理大臣が全権を掌握することを可能にしようとするための条項です。しかも「**外部からの武力攻撃**」のみならず、「**社会秩序の混乱**」や「**大規模な自然災害**」によって緊急事態を宣言することができるとしていますから、これでは原理的には、国会において過半数の議席を占めている党派が、全権を掌握し財政支出でもなんでも行うことを可能にする極めて危険な条項であり、過去の歴史において政府が行った愚を二度と繰り返さないと決意している日本国憲法とは全く逆の方向を向いています。

これでは、治安維持法や国家総動員法 などを制定して第二次世界大戦に向かった日本が犯した過ちを悔いるどころか、再びそのような体制を目指すことを、あえて容認するかのようです。

そのような暗愚を繰り返さないためにこそ日本国憲法は制定されました。日本国憲法は、第二次世界大戦後、戦争から日本国を隔てて平和の構築と維持に多大な働きをし、国民健康保険や生活保護の制度などの福祉制度の構築や、義務教育の完備による国民の文化度の向上などを促進し、日本という国が国民の平和と健康と福祉と営みを豊かに育み、平和で安全で豊かな国となることの基盤となり、国をそのような方向に導き、そこから外れることの歯止めともなって、総体として長い間、国の繁栄を静かに支え続けてきました。そのことを考えれば、結果的に見るかぎり、また将来を見据えればなおのこと、日本国憲法は日本という国と国民にとって実に優れた憲法であって、変えたほうがいいことが仮にあったとしても、それはこの憲法の理念や精神を反映させたものであってこそ価値を持ちます。

というより、戦争のむごさを骨の髄まで思い知らされ、戦争の悲惨な結果に打ちひしがれながらも、それでも敗戦後、平和のありがたさを噛みしめ、そこから未来を見つめて創り上げた見事な内容を持つ日本国憲法を、私たちは現に有しているのですから、今やるべきことは、その原点に立ち戻り、私たちの先達が掲げた理念や精神や方向性に見合ったものになっているとはとても言えない、現在の私たちの国の社会的制度や仕組をつぶさに検証し、悪しきものを直すことであり、そこからさらに、平和と国民一人ひとりの幸せに寄与するような法律や条例や事柄や習慣を広く細やかに構築していくことです。日本国憲法はそのことを促進こそすれ、妨げることはありません。

最高法規（第十章）

日本国憲法では第十章で、念押しするかのように改めてこの憲法が最高法規であると記しています。まるで、明治以降たびたび軍国主義化して遂に第二次世界大戦に突入し、しかも市民が暮らす街に原爆を落とされるという悲惨な目にあった日本において、その戦争の悲惨さの記憶を深く心身と記憶に刻んだ人たちが次第にいなくなり、やがてそれを伝え聞いた人たちの記憶も薄れてしまえば、再びかつてのような妄想に国家権力者が取り憑かれて、国民を置き去りにして誤った方向へと歩みかねないことを見越しているかのようです。そこで日本国憲法はもう一度、国家運営にとっての基本的人権の重要さを記します。

「この憲法が日本国民に保障する基本的人権は、人類の多年にわたる自由獲得の努力

の成果であって、これらの権利は、過去幾多の試練に堪へ、現在及び将来の国民に対し、侵すことのできない永久の権利として信託されたものである（第九十七条）」

ここには自分たちが暮らす社会のルールは自分たちがつくるという主権在民国家、そしてその基本としての法の下の平等と自由、それを支えるものとして人類が幾多の困難を乗り越えて獲得してきた基本的人権を、互いに認め合ってこそ、この国にも地球上にも平和がもたらされるという日本国憲法の理念の面目が躍如としています。その上で、この憲法こそが日本国の最高法規であることを毅然と記します。

「**この憲法は、国の最高法規であつて、その条規に反する法律、命令、詔勅及び国務に関するその他の行為の全部又は一部は、その効力を有しない**（第九十八条）」

たとえ立法府で過半数を得てつくられた法律であっても、またいかなる立場にある人のいかなる命令であっても、またどんなに国が権力を背景に行う行為であっても、日本国憲法の条項が全体として述べていることを侵害するようなものは、法律であれなんであれ効力を持たないと宣言しています。この宣言は日本国民が行なった誇り高き宣言です。したがって、このような法律や命令や詔勅や国務を見聞した場合は、それを正す権利と義務が国民にはあると言っているわけです。これは第三章第十二条の「**この憲法が国民に保障する自由及び権利は、国民の不断の努力によつて、これを保持しなければな**

らない」とあることと重なります。

これを読むと、第二次世界大戦の戦勝国であるアメリカ合衆国に、戦後ずっとすがり続けてきた結果として、今なお日本全土に米軍基地があり、日米地位協定や日米合同会議などという、国民が主権者である主権国家にあるまじき屈辱的な不平等、かつ不自由極まりのない協定が存在する現状。住民の意思を無視して国策がまかり通る沖縄の現状。産業化社会であった近代がつくり出した人類史上最悪の、核のゴミの捨て場さえないもはや時代遅れの巨大な欠陥プラントでしかない原発を、原爆を被った国土の上に、しかも噴火や地震や津波など天災と背中合わせの国土の上に五十余基もつくり、福島の深刻な原発事故が進行中であるにもかかわらず、耐用年数の過ぎた原発を再稼働させようという既得権にまみれた思考停止あるいは狂気。国家権力が報道を監視し報道の自由度や政治や行政の透明度が日増しに低下する現実。第九条を有しながら軍備を拡大し続ける時代錯誤。あるいは平和産業ではなく軍事産業をいまさら強化しようとする暗愚。日銀が円を刷りまくって大企業の株価を維持し続けようという無策。強者を遇し弱者を苦しめる不平等などなど、私たちの日本の現実が恥ずかしくなってきます。

これらは突きつめれば、日本国憲法と天皇に多くを委ねて、国家の行いを常に注視することを怠り、不自由で理不尽な裁判制度や選挙制度に目をつぶり、それをより良いものへと変える不断の努力を怠ってきた私たち一人ひとりの行い、すなわち、権力追随や諦めや思考停止や政治や選挙に対する無関心や無視などの結果であると言わざるを得ません。

ですから、現に私たちが有している優れた憲法を変えるのではなく、まずは、日本国憲法に見合ったものになっているとはとても言えない日本の国家運営制度や選挙制度や行政や裁判の仕組や法律などの多くを、主権者である国民の福利と福祉を向上させるために改めることが先決です。

「**自由及び権利は、国民の不断の努力によつて、これを保持**」するというのは、言葉を代えれば、日本国憲法に基づいて、それのふさわしい国と暮らしを実現するために、私たち一人ひとりが、創造力を最大限に発揮して、より豊かで幸せな未来を描き合いながら、それを実現する方法をみんなで創り続けようということですから、欠点をただすと同時に、国家にとってではなく、国民一人ひとりの平和で文化的な暮らしにとって、より良い仕組を創り続けることが重要です。

日本国憲法最後の条項、「**天皇又は摂政及び国務大臣、国会議員、裁判官その他の公**

務員は、この憲法を尊重し擁護する義務を負ふ（第九十九条）」は、前文の「政府の行為によつて再び戦争の惨禍が起ることのないやうにすることを決意し、ここに主権が国民に存することを宣言」、ならびに同じく前文の、「そもそも国政は、国民の厳粛な信託によるものであつて、その権威は国民に由来し、その権力は国民の代表者がこれを行使し、その福利は国民がこれを享受する」、そして第三章の「すべての公務員は、全体の奉仕者であつて、一部の奉仕者ではない（第十五条第2項）」と記された文言と見事に呼応しています。

日本国憲法の本質的、世界的可能性

考えてみれば日本には、西欧とは一味違った文化風土があります。近代国家のモデルは西欧によって創られ、善悪と損得という相反する要素を同時に稼働させるそのパワフルな構造によってもたらされた成果の豊かさによって世界標準化しました。

しかし本書で述べてきましたように、そこには極めて理性的に、あるいは合理的に構築された近代国家ならではの強さや脆弱性《ぜいじゃくせい》や矛盾、それらが生み出した多くの課題があります。別の見方をすれば、近代国家というモデルが二百年続いてきたことによる制度疲労、あるいは、そのモデルが想定した国家や経済のスケールを、地球の現実がはるかに大きく超えてしまったために、それを制御できなくなった状態に入ったといえるかもしれません。

国というのは領土とルールによって構成された、人々が暮らすための空間ですから、その空間の構造やそれを支える方法や価値観が重要ですが、西欧モデルの最も大きな、そして本質的な特徴は、内と外とを明確に区別する空間性にあります。つまりそれは敵と味方、人と自然とを分ける方法、あるいは価値観です。だからこそパワフルなモデルであり得たのですが、しかし逆に、国の内と外とを分け、国同士が競い合うことによって、世界中の国々が戦うという悲惨をもたらし、自然を破壊しました。

ちなみに日本的な空間モデルの最大の特徴は、内と外との間に強固な境界を設けないこと、あるいは信頼に基づいた曖昧な緩衝帯《かんしょうたい》を設けることです。それは日本の文化の中のいたるところに見られます。例えば、山と里との間に設けられた中間地帯、誰のものでもないと同時にみんなのものでもある入会地としての里山。障子という柔らかな境界によって内と外とが隔てられた家にある、縁という、内と外とを、自然と人の暮らしの両方を柔らかく包み込むような人間的で不思議な空間。

いたるところに、あらゆるものに命が宿るとする、自分と森羅万象との間に敵対関係をつくらない健気な価値観とそれが育んだ、他者を含めたすべてを思いやる心。善悪や損得ではなく、広い意味での美を大切にする心、その心を通わせることによって育まれた、地域の自然風土と一体となった美意識や習慣や祭事や技、美しく健やかな食や衣服や建築や集落や風景や物語。

また主客の関係が曖昧で極めて情緒的な言語である日本語もまた、主客や行動とその対象を明解には分けず、対象との関係のありようを重視していて、そこにも中間領域や関係を大切にする文化の特徴が表れています。

日本語は、曖昧でしばしば論理性を欠いたりしますし、言語空間の構築よりも情緒的な共感を大切にしているために、突き詰めて物事を考えるというより、どこかで思考をあえて停止しがちになるという、西欧の言語と比べた場合の一種の弱点を持っていますが、だからこそ逆に、人間的で繊細な感情や、儚く移ろうものや自然との交感に適していて、それが日本の文化の特徴と深く関わりあっています。つまりその弱点を自覚し、優れた点を活かすことを意識的に行うならば、主義主張の時代であった近代を超えたところにある新たな社会空間を創り出し、それを普遍化し得ます。

重ねて言えば、近代国家の仕組やそれを支える思想は、西欧で創られたものを基盤としていますので、それゆえの強さと脆さを持っています。端的にはそれは、西欧社会の善悪を含めた価値観の総体に大きな影響を及ぼしている「聖書」と深く関わりあっています。

聖書は、唯一の神であり絶対的な存在である神の言葉を記した書物であるとされるため、そこに書き記されている「言葉」は、人が守るべきルールであり神との契約であり、何よりも重要なものであるとされます。社会にとって言葉が極めて重要なものであるという認識は、西欧の文化的風土の最重要基盤となっていて、多くの思想家が言葉を駆使して壮大な思想空間を構築してきた歴史もそれに基づいていて、そこでは常に論理的な整合性や完全性や普遍性が求められます。言説によって国の行方を左右するような預言者的な賢者には、神の完全性の代弁者的な要素が求められるからです。

また多様な人々をまとめ説得するには、普遍性を持つ言葉をその意味を明確に規定して用いる必要があります。近代国家という新たな社会の運営の指針を定め、国家空間のありようを規定するものである憲法が言葉で書き記されていることや、基本的人権という概念や、立憲議会制民主主義といった制度もまた、こうした言葉を最重要視し、それによる社会的なルールの共有によって共同体を稼働させるという文化風土からうみだされた人類史的な成果です。

すなわち、強く、また普遍性を持つがゆえに、近代国家モデルは世界標準化しました。しかしそれはまた、いくつかの強さゆえの脆さを伴っています。一つは、言葉を重視しないものにとっては、言葉によって構築された完全性が意味を為さないということです。一つは、すでに述べたように善悪を強く規定することが敵と味方を分けることにつながり、そのことを突き詰めれば、戦って双方が自滅しかねないという危険性を持つことです。さらには、人がつくるどんなものも所詮、完璧ではあり得ないということなどがあげられます。

翻って、基本的に自然豊かな群島国であり、他国と地続きで接することなく、多分に多神教的、汎神論的、あるいは無神論的な感覚を持ち、いたるところに曖昧な中間領域を設けている日本的な文化風土の中で育った私たちは、近代国家を構築してから百数十年を経てもなお、言葉に対して西欧とはやや異なる接し方をしています。つまり言葉に完全性を期待せず、「ものは言いよう」「目は口ほどにものをいい」「阿吽の呼吸」「本音と建前」などの言い回しに如実に表れているように、言葉を曖昧なサインのようなものとして用るところがあります。

これは自分と他者が同じような環境の中にいて同じような価値観や感情や目的を共有している場合には、言葉が自他や敵と味方との境界を曖昧にして衝突を避ける緩衝帯のような働きをし得ますが、そうではない自他の間では、逆に誤解や対立をうむ原因になりかねません。

こうした文化的な背景の中で、日本人はともすれば、国創りのルールを言葉で定めた憲法に対してさえ、無意識のうちに、それを社会が共有し厳守すべきルール、あるいは自分たちの社会を構築するためのマスタープランとしては、必ずしも捉えてこなかったのではないかと思われます。しかし、様々な人が共に暮らす社会を、どのようなものとして創るかを考えるとき、ルールの明確化と自覚化と普遍化と共有化は、極めて重要な課題です。

もちろん、どんな文化や体制にも長所や短所があります。したがって様々な人が生活を営む社会において重要なことは、様々な文化の中にある長所をできるだけ取り入れて活かすと同時に、短所を表面化させない工夫をすることです。

私たちの社会は、全くの善人や全くの悪人から成り立っているわけではありません。あらゆる人がその間を行き来しながら暮らしています。善悪や損得にも絶対的な基準はありません。したがって完璧さを求める西欧的な思考と、曖昧な領域の中で人間性を育もうとする日本的な方法を融合させることには意味があります。今日のように個々人のありようや社会が多様化し、様々な価値観が共存し、かつ世界中が連動する中にあってはなおさらです。

その意味では、西欧的な論理構成の中で「戦争の放棄」を断言し、近代国家の強固な構造の中に「天皇制」という柔軟な要素を埋め込んだ日本国憲法は、極めて日本的であると同時に、これからの世界を牽引しうる画期的な普遍性を持つ先進的な憲法です。

前文で述べている、「**平和を愛する諸国民の公正と信義に信頼して、われらの安全と生存を保持しようと決意**」、「**われらは、全世界の国民が、ひとしく恐怖と欠乏から免かれ、平和のうちに生存する権利を有する**」といった、内と外とを一体のものととらえる表現は、明らかに、噴火したり大地震を起こしたりしなければ豊かな、常に危機と隣り合わせの環境の中で、自然の恵みに感謝しながら育んできた日本的な価値観や美意識や感覚を反映しています。

その意味で日本国憲法は、西欧の国家モデルに日本の心を吹き込んだ、異なるものの融合とその洗練を得意技とする日本ならではの憲法です。そしてそこには、現代の世界的混迷を脱したところにあり得ると思える、一人ひとりの人々が、信頼しあいながら自然の恵を大切にしつつ美しく生きていけるような社会。日本国憲法には、そんな社会を展望し、それをリードする力が秘められています。

そして日本国憲法が展望する理念、そこに秘められた可能性を顕在化させ実現させることができるのは、主権者である私たち一人ひとりです。もしかしたら、日本国憲法に基づいて、この国をより良い国へと再構築することほど、私たちにとって夢のある、楽しく確かで手応えのあることはないかもしれません。

附録

日本国憲法

昭和二十一年憲法

日本国民は、正当に選挙された国会における代表者を通じて行動し、われらとわれらの子孫のために、諸国民との協和による成果と、わが国全土にわたつて自由のもたらす恵沢を確保し、政府の行為によつて再び戦争の惨禍が起ることのないやうにすることを決意し、ここに主権が国民に存することを宣言し、この憲法を確定する。そもそも国政は、国民の厳粛な信託によるものであつて、その権威は国民に由来し、その権力は国民の代表者がこれを行使し、その福利は国民がこれを享受する。これは人類普遍の原理であり、この憲法は、かかる原理に基くものである。われらは、これに反する一切の憲法、法令及び詔勅を排除する。

日本国民は、恒久の平和を念願し、人間相互の関係を支配する崇高な理想を深く自覚するのであつて、平和を愛する諸国民の公正と信義に信頼して、われらの安全と生存を保持しようと決意した。われらは、平和を維持し、専制と隷従、圧迫と偏狭を地上から永遠に除去しようと努めてゐる国際社会において、名誉ある地位を占めたいと思ふ。われらは、全世界の国民が、ひとしく恐怖と欠乏から免かれ、平和のうちに生存する権利を有することを確認する。

われらは、いづれの国家も、自国のことのみに専念して他国を無視してはならないのであつて、政治道徳の法則は、普遍的なものであり、この法則に従ふことは、自国の主権を維持し、他国と対等関係に立たうとする各国の責務であると信ずる。

日本国民は、国家の名誉にかけ、全力をあげてこの崇高な理想と目的を達成することを誓ふ。

第一章　天皇

第一条　天皇は、日本国の象徴であり日本国民統合の象徴であつて、この地位は、主権の存する日本国民の総意に基く。

第二条　皇位は、世襲のものであつて、国会の議決した皇室典範の定めるところにより、これを継承する。

第三条　天皇の国事に関するすべての行為には、内閣の助言と承認を必要とし、内閣が、その責任を負ふ。

第四条　天皇は、この憲法の定める国事に関する行為のみを行ひ、国政に関する権能を有しない。
○2　天皇は、法律の定めるところにより、その国事に関する行為を委任することができる。
第五条　皇室典範の定めるところにより摂政を置くときは、摂政は、天皇の名でその国事に関する行為を行ふ。この場合には、前条第一項の規定を準用する。
第六条　天皇は、国会の指名に基いて、内閣総理大臣を任命する。
○2　天皇は、内閣の指名に基いて、最高裁判所の長たる裁判官を任命する。
第七条　天皇は、内閣の助言と承認により、国民のために、左の国事に関する行為を行ふ。
一　憲法改正、法律、政令及び条約を公布すること。
二　国会を召集すること。
三　衆議院を解散すること。
四　国会議員の総選挙の施行を公示すること。
五　国務大臣及び法律の定めるその他の官吏の任免並びに全権委任状及び大使及び公使の信任状を認証すること。

六　大赦、特赦、減刑、刑の執行の免除及び復権を認証すること。
七　栄典を授与すること。
八　批准書及び法律の定めるその他の外交文書を認証すること。
九　外国の大使及び公使を接受すること。
十　儀式を行ふこと。

第八条　皇室に財産を譲り渡し、又は皇室が、財産を譲り受け、若しくは賜与することは、国会の議決に基かなければならない。

第二章　戦争の放棄

第九条　日本国民は、正義と秩序を基調とする国際平和を誠実に希求し、国権の発動たる戦争と、武力による威嚇又は武力の行使は、国際紛争を解決する手段としては、永久にこれを放棄する。
○2　前項の目的を達するため、陸海空軍その他の戦力は、これを保持しない。国の交戦権は、これを認めない。

第三章　国民の権利及び義務
第十条　日本国民たる要件は、法律でこれを定める。
第十一条　国民は、すべての基本的人権の享有を妨げられない。この憲法が国民に保障する基本的人権は、侵すことのできない永久の権利として、現在及び将来の国民に与へられる。
第十二条　この憲法が国民に保障する自由及び権利は、国民の不断の努力によつて、これを保持しなければならない。又、国民は、これを濫用してはならないのであつて、常に公共の福祉のためにこれを利用する責任を負ふ。
第十三条　すべて国民は、個人として尊重される。生命、自由及び幸福追求に対する国民の権利については、公共の福祉に反しない限り、立法その他の国政の上で、最大の尊重を必要とする。
第十四条　すべて国民は、法の下に平等であつて、人種、信条、性別、社会的身分又は門地により、政治的、経済的又は社会的関係において、差別されない。
○2　華族その他の貴族の制度は、これを認めない。
○3　栄誉、勲章その他の栄典の授与は、いかなる特権も伴はない。栄典の授与は、現にこれを有し、又は将来これを受ける者の一代に限り、その効力を有する。

第十五条　公務員を選定し、及びこれを罷免することは、国民固有の権利である。
○2　すべて公務員は、全体の奉仕者であつて、一部の奉仕者ではない。
○3　公務員の選挙については、成年者による普通選挙を保障する。
○4　すべて選挙における投票の秘密は、これを侵してはならない。選挙人は、その選択に関し公的にも私的にも責任を問はれない。
第十六条　何人も、損害の救済、公務員の罷免、法律、命令又は規則の制定、廃止又は改正その他の事項に関し、平穏に請願する権利を有し、何人も、かかる請願をしたためにいかなる差別待遇も受けない。
第十七条　何人も、公務員の不法行為により、損害を受けたときは、法律の定めるところにより、国又は公共団体に、その賠償を求めることができる。
第十八条　何人も、いかなる奴隷的拘束も受けない。又、犯罪に因る処罰の場合を除いては、その意に反する苦役に服させられない。
第十九条　思想及び良心の自由は、これを侵してはならない。
第二十条　信教の自由は、何人に対してもこれを保障する。いかなる宗教団体も、国から特権を受け、又は政治上の権力を行使してはならない。
○2　何人も、宗教上の行為、祝典、儀式又は行事に参加することを強制されない。

○3　国及びその機関は、宗教教育その他いかなる宗教的活動もしてはならない。
第二十一条　集会、結社及び言論、出版その他一切の表現の自由は、これを保障する。
○2　検閲は、これをしてはならない。通信の秘密は、これを侵してはならない。
第二十二条　何人も、公共の福祉に反しない限り、居住、移転及び職業選択の自由を有する。
○2　何人も、外国に移住し、又は国籍を離脱する自由を侵されない。
第二十三条　学問の自由は、これを保障する。
第二十四条　婚姻は、両性の合意のみに基いて成立し、夫婦が同等の権利を有することを基本として、相互の協力により、維持されなければならない。
○2　配偶者の選択、財産権、相続、住居の選定、離婚並びに婚姻及び家族に関するその他の事項に関しては、法律は、個人の尊厳と両性の本質的平等に立脚して、制定されなければならない。
第二十五条　すべて国民は、健康で文化的な最低限度の生活を営む権利を有する。
○2　国は、すべての生活部面について、社会福祉、社会保障及び公衆衛生の向上及び増進に努めなければならない。
第二十六条　すべて国民は、法律の定めるところにより、その能力に応じて、ひとしく教育を受ける権利を有する。
○2　すべて国民は、法律の定めるところにより、その保護する子女に普通教育を受けさせる義務を負ふ。義務教育は、これを無償とする。
第二十七条　すべて国民は、勤労の権利を有し、義務を負ふ。
○2　賃金、就業時間、休息その他の勤労条件に関する基準は、法律でこれを定める。
○3　児童は、これを酷使してはならない。
第二十八条　勤労者の団結する権利及び団体交渉その他の団体行動をする権利は、これを保障する。
第二十九条　財産権は、これを侵してはならない。
○2　財産権の内容は、公共の福祉に適合するやうに、法律でこれを定める。
○3　私有財産は、正当な補償の下に、これを公共のために用ひることができる。
第三十条　国民は、法律の定めるところにより、納税の義務を負ふ。
第三十一条　何人も、法律の定める手続によらなければ、その生命若しくは自由を奪はれ、又はその他の刑罰を科せられない。
第三十二条　何人も、裁判所において裁判を受ける権利を奪はれない。
第三十三条　何人も、現行犯として逮捕される場合を除いては、権限を有する司法官憲が発し、且つ理由となつてゐる犯罪を明示する令状によらなければ、逮捕されない。
第三十四条　何人も、理由を直ちに告げられ、且つ、直ちに弁護人に依頼する権利を与へられなければ、抑留又は拘禁されない。又、何人も、正当な理由がなければ、拘禁されず、要求があれば、その理由は、直ちに本人及びその弁護人の出席する公開の法廷で示されなければならない。
第三十五条　何人も、その住居、書類及び所持品について、侵入、捜索及び押収を受けることのない権利は、第三十三条の場合を除いては、正当な理由に基いて発せられ、且つ捜索する場所及び押収する物を明示する令状がなければ、侵されない。
○2　捜索又は押収は、権限を有する司法官憲が発する各別の令状により、これを行ふ。
第三十六条　公務員による拷問及び残虐な刑罰は、絶対にこれを禁ずる。
第三十七条　すべて刑事事件においては、被告人は、公平な裁判所の迅速な公開裁判を受ける権利を有する。
○2　刑事被告人は、すべての証人に対して審問する機会を充分に与へられ、又、公費で自己のために強制的手続により証人を求める権利を有する。
○3　刑事被告人は、いかなる場合にも、資格を有する弁護人を依頼することができる。被告人が自らこれを依頼することができないときは、国でこれを附する。

第三十八条　何人も、自己に不利益な供述を強要されない。

○2　強制、拷問若しくは脅迫による自白又は不当に長く抑留若しくは拘禁された後の自白は、これを証拠とすることができない。

○3　何人も、自己に不利益な唯一の証拠が本人の自白である場合には、有罪とされ、又は刑罰を科せられない。

第三十九条　何人も、実行の時に適法であつた行為又は既に無罪とされた行為については、刑事上の責任を問はれない。又、同一の犯罪について、重ねて刑事上の責任を問はれない。

第四十条　何人も、抑留又は拘禁された後、無罪の裁判を受けたときは、法律の定めるところにより、国にその補償を求めることができる。

第四章　国会

第四十一条　国会は、国権の最高機関であつて、国の唯一の立法機関である。

第四十二条　国会は、衆議院及び参議院の両議院でこれを構成する。

第四十三条　両議院は、全国民を代表する選挙された議員でこれを組織する。

○2　両議院の議員の定数は、法律でこれを定める。
第四十四条　両議院の議員及びその選挙人の資格は、法律でこれを定める。但し、人種、信条、性別、社会的身分、門地、教育、財産又は収入によつて差別してはならない。
第四十五条　衆議院議員の任期は、四年とする。但し、衆議院解散の場合には、その期間満了前に終了する。
第四十六条　参議院議員の任期は、六年とし、三年ごとに議員の半数を改選する。
第四十七条　選挙区、投票の方法その他両議院の議員の選挙に関する事項は、法律でこれを定める。
第四十八条　何人も、同時に両議院の議員たることはできない。
第四十九条　両議院の議員は、法律の定めるところにより、国庫から相当額の歳費を受ける。
第五十条　両議院の議員は、法律の定める場合を除いては、国会の会期中逮捕されず、会期前に逮捕された議員は、その議院の要求があれば、会期中これを釈放しなければならない。
第五十一条　両議院の議員は、議院で行つた演説、討論又は表決について、院外で責任を問はれない。

第五十二条　国会の常会は、毎年一回これを召集する。
第五十三条　内閣は、国会の臨時会の召集を決定することができる。いづれかの議院の総議員の四分の一以上の要求があれば、内閣は、その召集を決定しなければならない。
第五十四条　衆議院が解散されたときは、解散の日から四十日以内に、衆議院議員の総選挙を行ひ、その選挙の日から三十日以内に、国会を召集しなければならない。
○2　衆議院が解散されたときは、参議院は、同時に閉会となる。但し、内閣は、国に緊急の必要があるときは、参議院の緊急集会を求めることができる。
○3　前項但書の緊急集会において採られた措置は、臨時のものであつて、次の国会開会の後十日以内に、衆議院の同意がない場合には、その効力を失ふ。
第五十五条　両議院は、各々その議員の資格に関する争訟を裁判する。但し、議員の議席を失はせるには、出席議員の三分の二以上の多数による議決を必要とする。
第五十六条　両議院は、各々その総議員の三分の一以上の出席がなければ、議事を開き議決することができない。
○2　両議院の議事は、この憲法に特別の定のある場合を除いては、出席議員の過半数でこれを決し、可否同数のときは、議長の決するところによる。

第五十七条　両議院の会議は、公開とする。但し、出席議員の三分の二以上の多数で議決したときは、秘密会を開くことができる。
○2　両議院は、各々その会議の記録を保存し、秘密会の記録の中で特に秘密を要すると認められるもの以外は、これを公表し、且つ一般に頒布しなければならない。
○3　出席議員の五分の一以上の要求があれば、各議員の表決は、これを会議録に記載しなければならない。
第五十八条　両議院は、各々その議長その他の役員を選任する。
○2　両議院は、各々その会議その他の手続及び内部の規律に関する規則を定め、又、院内の秩序をみだした議員を懲罰することができる。但し、議員を除名するには、出席議員の三分の二以上の多数による議決を必要とする。
第五十九条　法律案は、この憲法に特別の定のある場合を除いては、両議院で可決したとき法律となる。
○2　衆議院で可決し、参議院でこれと異なつた議決をした法律案は、衆議院で出席議員の三分の二以上の多数で再び可決したときは、法律となる。
○3　前項の規定は、法律の定めるところにより、衆議院が、両議院の協議会を開くことを求めることを妨げない。

○4　参議院が、衆議院の可決した法律案を受け取つた後、国会休会中の期間を除いて六十日以内に、議決しないときは、衆議院は、参議院がその法律案を否決したものとみなすことができる。

第六十条　予算は、さきに衆議院に提出しなければならない。

○2　予算について、参議院で衆議院と異なつた議決をした場合に、法律の定めるところにより、両議院の協議会を開いても意見が一致しないとき、又は参議院が、衆議院の可決した予算を受け取つた後、国会休会中の期間を除いて三十日以内に、議決しないときは、衆議院の議決を国会の議決とする。

第六十一条　条約の締結に必要な国会の承認については、前条第二項の規定を準用する。

第六十二条　両議院は、各々国政に関する調査を行ひ、これに関して、証人の出頭及び証言並びに記録の提出を要求することができる。

第六十三条　内閣総理大臣その他の国務大臣は、両議院の一に議席を有すると有しないとにかかはらず、何時でも議案について発言するため議院に出席することができる。又、答弁又は説明のため出席を求められたときは、出席しなければならない。

第六十四条　国会は、罷免の訴追を受けた裁判官を裁判するため、両議院の議員で組織する弾劾裁判所を設ける。

○2　弾劾に関する事項は、法律でこれを定める。

第五章　内閣

第六十五条　行政権は、内閣に属する。

第六十六条　内閣は、法律の定めるところにより、その首長たる内閣総理大臣及びその他の国務大臣でこれを組織する。

○2　内閣総理大臣その他の国務大臣は、文民でなければならない。

○3　内閣は、行政権の行使について、国会に対し連帯して責任を負ふ。

第六十七条　内閣総理大臣は、国会議員の中から国会の議決で、これを指名する。この指名は、他のすべての案件に先だつて、これを行ふ。

○2　衆議院と参議院とが異なつた指名の議決をした場合に、法律の定めるところにより、両議院の協議会を開いても意見が一致しないとき、又は衆議院が指名の議決をした後、国会休会中の期間を除いて十日以内に、参議院が、指名の議決をしないときは、衆議院の議決を国会の議決とする。

第六十八条　内閣総理大臣は、国務大臣を任命する。但し、その過半数は、国会議員の中から選ばれなければならない。

○2　内閣総理大臣は、任意に国務大臣を罷免することができる。

第六十九条　内閣は、衆議院で不信任の決議案を可決し、又は信任の決議案を否決したときは、十日以内に衆議院が解散されない限り、総辞職をしなければならない。

第七十条　内閣総理大臣が欠けたとき、又は衆議院議員総選挙の後に初めて国会の召集があつたときは、内閣は、総辞職をしなければならない。

第七十一条　前二条の場合には、内閣は、あらたに内閣総理大臣が任命されるまで引き続きその職務を行ふ。

第七十二条　内閣総理大臣は、内閣を代表して議案を国会に提出し、一般国務及び外交関係について国会に報告し、並びに行政各部を指揮監督する。

第七十三条　内閣は、他の一般行政事務の外、左の事務を行ふ。

一　法律を誠実に執行し、国務を総理すること。

二　外交関係を処理すること。

三　条約を締結すること。但し、事前に、時宜によつては事後に、国会の承認を経ることを必要とする。

四　法律の定める基準に従ひ、官吏に関する事務を掌理すること。

五　予算を作成して国会に提出すること。

六　この憲法及び法律の規定を実施するために、政令を制定すること。但し、政令には、特にその法律の委任がある場合を除いては、罰則を設けることができない。
七　大赦、特赦、減刑、刑の執行の免除及び復権を決定すること。
第七十四条　法律及び政令には、すべて主任の国務大臣が署名し、内閣総理大臣が連署することを必要とする。
第七十五条　国務大臣は、その在任中、内閣総理大臣の同意がなければ、訴追されない。但し、これがため、訴追の権利は、害されない。

第六章　司法

第七十六条　すべて司法権は、最高裁判所及び法律の定めるところにより設置する下級裁判所に属する。
○2　特別裁判所は、これを設置することができない。行政機関は、終審として裁判を行ふことができない。
○3　すべて裁判官は、その良心に従ひ独立してその職権を行ひ、この憲法及び法律にのみ拘束される。
第七十七条　最高裁判所は、訴訟に関する手続、弁護士、裁判所の内部規律及び司法事務処理に関する事項について、規則を定める権限を有する。
○2　検察官は、最高裁判所の定める規則に従はなければならない。
○3　最高裁判所は、下級裁判所に関する規則を定める権限を、下級裁判所に委任することができる。
第七十八条　裁判官は、裁判により、心身の故障のために職務を執ることができないと決定された場合を除いては、公の弾劾によらなければ罷免されない。裁判官の懲戒処分は、行政機関がこれを行ふことはできない。
第七十九条　最高裁判所は、その長たる裁判官及び法律の定める員数のその他の裁判官でこれを構成し、その長たる裁判官以外の裁判官は、内閣でこれを任命する。
○2　最高裁判所の裁判官の任命は、その任命後初めて行はれる衆議院議員総選挙の際国民の審査に付し、その後十年を経過した後初めて行はれる衆議院議員総選挙の際更に審査に付し、その後も同様とする。
○3　前項の場合において、投票者の多数が裁判官の罷免を可とするときは、その裁判官は、罷免される。
○4　審査に関する事項は、法律でこれを定める。
○5　最高裁判所の裁判官は、法律の定める年齢に達した時に退官する。

○6　最高裁判所の裁判官は、すべて定期に相当額の報酬を受ける。この報酬は、在任中、これを減額することができない。

第八十条　下級裁判所の裁判官は、最高裁判所の指名した者の名簿によつて、内閣でこれを任命する。その裁判官は、任期を十年とし、再任されることができる。但し、法律の定める年齢に達した時には退官する。

○2　下級裁判所の裁判官は、すべて定期に相当額の報酬を受ける。この報酬は、在任中、これを減額することができない。

第八十一条　最高裁判所は、一切の法律、命令、規則又は処分が憲法に適合するかしないかを決定する権限を有する終審裁判所である。

第八十二条　裁判の対審及び判決は、公開法廷でこれを行ふ。

○2　裁判所が、裁判官の全員一致で、公の秩序又は善良の風俗を害する虞があると決した場合には、対審は、公開しないでこれを行ふことができる。但し、政治犯罪、出版に関する犯罪又はこの憲法第三章で保障する国民の権利が問題となつてゐる事件の対審は、常にこれを公開しなければならない。

第七章　財政

第八十三条　国の財政を処理する権限は、国会の議決に基いて、これを行使しなければならない。

第八十四条　あらたに租税を課し、又は現行の租税を変更するには、法律又は法律の定める条件によることを必要とする。

第八十五条　国費を支出し、又は国が債務を負担するには、国会の議決に基くことを必要とする。

第八十六条　内閣は、毎会計年度の予算を作成し、国会に提出して、その審議を受け議決を経なければならない。

第八十七条　予見し難い予算の不足に充てるため、国会の議決に基いて予備費を設け、内閣の責任でこれを支出することができる。

○2　すべて予備費の支出については、内閣は、事後に国会の承諾を得なければならない。

第八十八条　すべて皇室財産は、国に属する。すべて皇室の費用は、予算に計上して国会の議決を経なければならない。

第八十九条　公金その他の公の財産は、宗教上の組織若しくは団体の使用、便益若しくは維持のため、又は公の支配に属しない慈善、教育若しくは博愛の事業に対し、これを支出し、又はその利用に供してはならない。

第九十条　国の収入支出の決算は、すべて毎年会計検査院がこれを検査し、内閣は、次の年度に、その検査報告とともに、これを国会に提出しなければならない。

○2　会計検査院の組織及び権限は、法律でこれを定める。

第九十一条　内閣は、国会及び国民に対し、定期に、少くとも毎年一回、国の財政状況について報告しなければならない。

第八章　地方自治

第九十二条　地方公共団体の組織及び運営に関する事項は、地方自治の本旨に基いて、法律でこれを定める。

第九十三条　地方公共団体には、法律の定めるところにより、その議事機関として議会を設置する。

○2　地方公共団体の長、その議会の議員及び法律の定めるその他の吏員は、その地方公共団体の住民が、直接これを選挙する。

第九十四条　地方公共団体は、その財産を管理し、事務を処理し、及び行政を執行する権能を有し、法律の範囲内で条例を制定することができる。

第九十五条　一の地方公共団体のみに適用される特別法は、法律の定めるところにより、その地方公共団体の住民の投票においてその過半数の同意を得なければ、国会は、これを制定することができない。

第九章　改正

第九十六条　この憲法の改正は、各議院の総議員の三分の二以上の賛成で、国会が、これを発議し、国民に提案してその承認を経なければならない。この承認には、特別の国民投票又は国会の定める選挙の際行はれる投票において、その過半数の賛成を必要とする。

○2　憲法改正について前項の承認を経たときは、天皇は、国民の名で、この憲法と一体を成すものとして、直ちにこれを公布する。

第十章　最高法規

第九十七条　この憲法が日本国民に保障する基本的人権は、人類の多年にわたる自由獲得の努力の成果であつて、これらの権利は、過去幾多の試錬に堪へ、現在及び将来の国民に対し、侵すことのできない永久の権利として信託されたものである。
第九十八条　この憲法は、国の最高法規であつて、その条規に反する法律、命令、詔勅及び国務に関するその他の行為の全部又は一部は、その効力を有しない。
○2　日本国が締結した条約及び確立された国際法規は、これを誠実に遵守することを必要とする。
第九十九条　天皇又は摂政及び国務大臣、国会議員、裁判官その他の公務員は、この憲法を尊重し擁護する義務を負ふ。

第十一章　補則
第百条　この憲法は、公布の日から起算して六箇月を経過した日から、これを施行する。
○2　この憲法を施行するために必要な法律の制定、参議院議員の選挙及び国会召集の手続並びにこの憲法を施行するために必要な準備手続は、前項の期日よりも前に、これを行ふことができる。
第百一条　この憲法施行の際、参議院がまだ成立してゐないときは、その成立するまでの間、衆議院は、国会としての権限を行ふ。
第百二条　この憲法による第一期の参議院議員のうち、その半数の者の任期は、これを三年とする。その議員は、法律の定めるところにより、これを定める。

第百三条　この憲法施行の際現に在職する国務大臣、衆議院議員及び裁判官並びにその他の公務員で、その地位に相応する地位がこの憲法で認められてゐる者は、法律で特別の定をした場合を除いては、この憲法施行のため、当然にはその地位を失ふことはない。但し、この憲法によつて、後任者が選挙又は任命されたときは、当然その地位を失ふ。

憲法の条文については、総務省行政管理局運営の行政情報ポータルサイト e-Gov に依った。

（編集部）

たにぐち えりや

詩人、ヴィジョンアーキテクト。石川県加賀市出身、横浜国立大学工学部建築学科卒。中学時代から詩と哲学と絵画と建築とロックミュージックに強い関心を抱く。1976年にスペインに移住。バルセロナとイビサ島に居住し多くの文化人たちと親交を深める。帰国後ヴィジョンアーキテクトとしてエポックメイキングな建築空間創造や、ヴィジョナリープロジェクト創造&ディレクションを行うとともに、言語空間創造として多数の著書を執筆。音羽信という名のシンガーソングライターでもある。主な著書に『画集ギュスターヴ・ドレ』(講談社)、『1900年の女神たち』(小学館)、『ドレの神曲』『ドレの旧約聖書』『ドレの失楽園』『ドレのドン・キホーテ』『ドレの昔話』(以上、宝島社)、『鳥たちの夜』『鏡の向こうのつづれ織り』『空間構想事始』(以上、エスプレ)、『イビサ島のネコ』『天才たちのスペイン』『旧約聖書の世界』『視覚表現史に革命を起こした天才ゴヤの版画集1～4集』『愛歌(音羽信)』『随想 奥の細道』『リカルド・ボフィル 作品と思想』(以上、未知谷) など。主な建築空間創造に《東京銀座資生堂ビル》《ラゾーナ川崎プラザ》《レストランikra》《軽井沢の家》などがある。

理念《りねん》から未来像《みらいぞう》へ
憲法を正しく読めばこんな国

2018年6月6日初版印刷
2018年6月20日初版発行

著者　谷口江里也
発行者　飯島徹
発行所　未知谷
東京都千代田区神田猿楽町2丁目5-9　〒101-0064
Tel. 03-5281-3751 / Fax. 03-5281-3752
［振替］　00130-4-653627
組版　柏木薫
印刷所　ディグ
製本所　難波製本

Publisher Michitani Co. Ltd., Tokyo
Printed in Japan
ISBN978-4-89642-557-4　C0095

谷口江里也の仕事

天才たちのスペイン

極限のローカルこそ普遍を拓く。スペインの文化的風土と時空が生みだした天才たち(アルタミラの無名の画家、ラ・アランブラ周辺の人々、エル・グレコ、セルバンテス、ベラスケス、ゴヤ、ガウディ、ピカソ、ミロ、ロルカ、ダリ、ボフィル)、彼らが創り出した美意識と作品、そしてそれらをとりまくさまざまなヴィジョンを巡る対話。 416頁カラー口絵16頁 5000円

旧約聖書の世界
谷口江里也 編著／ギュスターヴ・ドレ 挿画

旧約聖書とはどのような書物なのか。ドレによる72枚の版画を導きの糸に、独自の抄訳でエピソードが、それぞれの解説で世界観がわかる、旧約聖書が概観できる新発見に満ちた一冊。繊細なタッチと大胆な内容の版画74枚収録。
320頁 4000円

リカルド・ボフィル 作品と思想
RBTAの仕事を通して知る建築的時空間創造

近代建築の発想に反旗をひるがえして世界各国の建築、街路、都市をデザインしてきたリカルド.ボフィルの作品と思想。日本では銀座資生堂ビル、ラゾーナ川崎等も彼の仕事である。ボフィル最新インタビュー30頁超併載。図版247点。
菊判総カラー208頁 5000円

未知谷

谷口江里也の仕事

イビサ島のネコ

島は田舎なのに風俗がとんがっていて、奇妙な人間たちが世界中からやって来る。人がその人らしく生きられる自由都市イビサ。世界中から集まる奇人とネコそれぞれの物語28篇と著者によるイラスト。　　　　　240頁　2400円

随想 奥の細道
今こそ活きる芭蕉のヴィジョン
マネル・アルメンゴール 写真

数かずの名句を残した俳諧紀行『奥の細道』を現代語訳と解説で。芭蕉の感動の本質を求める心、一瞬の気配のなかに永遠を読むその想像力を追体験する。芭蕉を愛する世界的写真家M・アルメンゴールによる写真22点とともに。
280頁　2800円

愛歌
ロックの半世紀
音羽信 著／谷口江里也 解説

60年代に爆発したロック。ディラン、ビートルズからU2まで、人が人であるために最も大切なもの、他者と共有できる心、命が何によって輝くか、気づいた彼らは何を叫び、歌ってきたのか。ボブ・ディランノーベル文学賞受賞スピーチ独自全訳収録。　　　256頁　2500円

未知谷

谷口江里也の仕事

ロス・カプリチョス
視覚表現史に革命を起した天才ゴヤの第一版画集

「ゴヤの批評精神に富んだ目がとらえた、先入観やごまかしや常識などの、単にこれまでそうだったからそうであるに過ぎない人間社会の過ちもまた、十分に絵画の対象となり得ると考えた」

ほぼ原寸大、全82点収録。

戦争の悲惨
視覚表現史に革命を起した天才ゴヤの第二版画集

社会的犯罪の極致＝戦争。ナポレオン軍来襲時のスペイン国内。進攻兵の狼藉、民衆の蜂起、戸惑う為政者たち、飢え等を赤裸々に描く衝撃的版画集。

ほぼ原寸大、全82点収録。

ラ・タウロマキア／ロス・ディスパラテス
視覚表現史に革命を起した天才ゴヤの第三・四版画集

様式美と偶然を美に昇華させようとする芸術の中の芸術、闘牛を描く「ラ・タウロマキア」全34点、様々な人間行動の不可解さ、深層心理の領域にダイレクトにつながるテーマ「ロス・ディスパラテス」全22点、計56点収録。

視覚表現史に革命を起した天才ゴヤの版画集全三巻　A5判176頁函入各3000円

未知谷